O selo DIALÓGICA da Editora InterSaberes faz referência às publicações que privilegiam uma linguagem na qual o autor dialoga com o leitor por meio de recursos textuais e visuais, o que torna o conteúdo muito mais dinâmico. São livros que criam um ambiente de interação com o leitor – seu universo cultural, social e de elaboração de conhecimentos –, possibilitando um real processo de interlocução para que a comunicação se efetive.

Teorias sociológicas feministas: uma breve introdução

[Alessandra Stremel Pesce Ribeiro]

Rua Clara Vendramin, 58
Mossunguê . Curitiba . Paraná . Brasil
CEP 81200-170
Fone: (41) 2106-4170
www.intersaberes.com
editora@editoraintersaberes.com.br

[Conselho editorial]
Dr. Ivo José Both (presidente)
Drª Elena Godoy
Dr. Neri dos Santos
Dr. Ulf Gregor Baranow

[Editora-chefe] Lindsay Azambuja

[Gerente editorial] Ariadne Nunes Wenger

[Preparação de originais] Mycaelle Albuquerque

[Edição de texto] Arte e Texto | Camila Rosa

[Capa] Iná Trigo (design) | Ollyy, Krakenimages.com, korotych Yurii e Sharaf Maksumov/Shutterstock (imagens)

[Projeto gráfico] Bruno de Oliveira (*design*) | Irina_QQQ/Shutterstock (imagem)

[Adaptação de projeto gráfico] Iná Trigo

[Diagramação] Rafael Ramos Zanellato

[Equipe de *design*] Iná Trigo | Sílvio Gabriel Spannenberg

[Iconografia] T&G Serviços Editoriais | Regina Claudia Cruz Prestes

Dados Internacionais de Catalogação na Publicação (CIP)
(Câmara Brasileira do Livro, SP, Brasil)

Ribeiro, Alessandra Stremel Pesce
 Teorias sociológicas feministas: uma breve introdução/
Alessandra Stremel Pesce Ribeiro. Curitiba: InterSaberes, 2020.
 (Série Fundamentos da Sociologia)

 Bibliografia.
 ISBN 978-65-5517-546-2

 1. Crítica feminista 2. Feminismo 3. Movimentos sociais
4. Mulheres – Aspectos sociais 5. Teoria feminista I. Título II. Série.

20-35169　　　　　　　　　　　　　　　　CDD-305.42

Índices para catálogo sistemático:
1. Feminismo: Teoria: Sociologia 305.42

Maria Alice Ferreira – Bibliotecária – CRB-8/7964

1ª edição, 2020.

Foi feito o depósito legal.

Informamos que é de inteira responsabilidade da autora a emissão de conceitos.

Nenhuma parte desta publicação poderá ser reproduzida por qualquer meio ou forma sem a prévia autorização da Editora InterSaberes.

A violação dos direitos autorais é crime estabelecido na Lei n. 9.610/1998 e punido pelo art. 184 do Código Penal.

Sumário

[...]

Apresentação, 11

Como aproveitar ao máximo este livro, 15

Introdução, 19

[1] **A primeira onda feminista: movimentos abolicionista e sufragista, 23**
[1.1] O feminino e o feminismo, 24
[1.2] Primeiras reflexões sobre o movimento feminista, 36
[1.3] Mulheres e o movimento abolicionista, 49
[1.4] As sufragistas, 53

[2] **A segunda onda feminista: contrarrevolução e movimentos sociais, 69**
[2.1] Precursoras: os escritos de Virginia Woolf e Simone de Beauvoir, 71
[2.2] As transformações sociais dos anos 1960: a contrarrevolução, 83
[2.3] Movimentos sociais e feminismo, 87
[2.4] O feminismo e o campo acadêmico, 94

[3] **Classe social, gênero e questão racial: desigualdades sociais, 107**
[3.1] Capitalismo, patriarcado e sexualidade, 109
[3.2] Feminismo, movimento sindical e socialismo, 118
[3.3] Feminismo e movimento negro, 129
[3.4] Feminismo e participação política no Brasil, 134

[4]   Repensando o gênero, 145
[4.1] Debate sobre o masculino e o feminino:
ampliando a questão de gênero, 146
[4.2] Ideologia e tecnologias de gênero, 162
[4.3] Políticas da sexualidade, 167
[4.4] O caráter performático do gênero, 172

**[5]   Os estudos queer e suas implicações nas questões
de gênero, 183**
[5.1] O queer: algumas características, 184
[5.2] O surgimento do queer, 194
[5.3] Bases epistemológicas dos estudos queer, 203
[5.4] Repensando corpos, visibilidade e outras
sexualidades, 208

**[6]   A terceira onda feminista:
temas contemporâneos, 219**
[6.1] Terceira onda ou pós-feminismo, 221
[6.2] O movimento feminista na era da internet, 230
[6.3] Estudos de gênero no Brasil: uma aproximação entre
gênero e educação, 237
[6.4] "Ideologia de gênero" nas escolas?, 242

Considerações finais, 253

Referências, 257

Bibliografia comentada, 271

Respostas, 275

Sobre a autora, 277

À minha avó, Maria, que, impedida de estudar pelo simples fato de ser mulher, não mediu esforços para dar às filhas oportunidades de escolhas. À minha mãe, Sandra, que, dona de casa, mesmo sem ser valorizada, deu aos filhos o carinho e o aconchego necessários. À minha filha, Elisa, que conhecerá sua história e a história das mulheres de sua família.

Ao Marcelo, companheiro da vida e de caminhada, pelo apoio constante. A vida fica mais fácil quando os voos têm um porto seguro para voltar.

À memória de Fernanda Lopes Roos, amiga querida, dona de um humor ácido e certeiro, que desde cedo compreendeu os estereótipos de gênero que nos enquadram em "caixinhas".

Agradeço a toda a equipe da Editora InterSaberes, pela oportunidade de escrever este livro, e aos pareceristas anônimos, por suas observações e contribuições.

Apresentação

[...]

Organizamos o presente livro em seis capítulos, articulados por meio de uma lógica conceitual e cronológica. Embora o movimento feminista não seja linear, optamos por assim abordá-lo para facilitar seu entendimento. Apresentaremos alguns conceitos fundamentais – como patriarcado, lugar de fala e lugar de escuta, interseccionalidade e gênero – que dialogam e são constitutivos dos campos das ciências sociais e filosóficas.

No início de cada capítulo, traremos, de forma sucinta, um resumo do conteúdo a ser discutido, auxiliando, desse modo, a estruturação de seus estudos. Além disso, indicaremos, por toda a extensão do livro, leituras e materiais audiovisuais complementares, propiciando, assim, o aprofundamento dos temas retratados e a aproximação destes com os cenários vivenciados/conhecidos por você. De igual modo, proporemos, por fim, exercícios reflexivos que possibilitam tanto fixar os conhecimentos aprendidos quanto problematizar e se posicionar diante das circunstâncias citadas.

No Capítulo 1, teceremos um panorama geral sobre o feminismo, possibilitando uma aproximação da temática da desigualdade de gênero. Partiremos da diferença entre os termos *feminino* e *feminismo* para refletir, nesse primeiro momento, sobre o papel historicamente atribuído à mulher. Abordaremos ainda algumas das primeiras problematizações sistematizadas sobre a posição da mulher na sociedade. Em seguida, inseriremos o feminismo negro na história, fundamentados nos estudos de Angela Davis (2013), estabelecendo as relações deste com os movimentos sufragista e abolicionista.

No Capítulo 2, trataremos da chamada *segunda onda feminista* e de suas relações com os movimentos de contracultura nos anos 1960. Assim, apresentaremos, de início, duas autoras que influenciaram o feminismo desse período: Simone de Beauvoir e Virginia Woolf. Mostraremos como a segunda onda expôs o machismo, presente até mesmo nas manifestações da chamada *contracultura*, e como os estudos feministas consolidaram-se na universidade, permitindo um contraponto às teorias já cristalizadas, que reproduziam, por vezes, os valores morais dominantes.

No Capítulo 3, ampliaremos o diálogo do feminismo com outras pautas sociais, firmando algumas conexões possíveis entre feminismo e movimento negro, bem como entre o feminismo e o trabalho, seja por suas relações com o movimento sindical, seja pelas suas aproximações com o marxismo. No Brasil dos anos 1960 e 1980, veremos como o feminismo se inseriu na luta pela democracia e na redemocratização do país e quais foram seus desdobramentos.

No Capítulo 4, daremos início aos debates sobre gênero, expandindo esse conceito por meio da relativização do binômio *masculino* e *feminino* – posto em xeque pelos estudos de gênero, que despontaram na academia ao longo dos anos 1990. Tais estudos propiciaram pensar como os corpos, as identidades sexuais e a própria sexualidade são produzidos. A partir disso, autores como

Teresa de Lauretis, ainda nos anos 1980, passaram a entender que os modos de "ser homem" e "ser mulher" são constructos sociais. Novamente, estabeleceremos uma conexão com o Brasil, destacando a importância dos estudos de gênero em nossa sociedade.

Dando continuidade às questões de identidade e sexualidade, no Capítulo 5, trataremos dos estudos queer e sua inserção no cenário ativista LGBTQIA+. Teremos como pilares da discussão autores considerados chave para essa teoria, como Judith Butler e Paul B. Preciado. A partir da década de 1990, os estudos queer, já consolidados, passaram a questionar a produção e a reprodução de uma ordem social centrada na heterossexualidade (Butler, 2018; Preciado, 2017; Sedgwick, 2007). A heterossexualidade é pensada como um valor moral, portanto adquire uma suposta aura de normalidade. Os estudos queer nos perguntarão, então: O que é normal?

No Capítulo 6, objetivamos trazer questões mais atuais sobre o feminismo e a discussão de gênero, indo ao encontro do que se está chamando de *terceira onda feminista*, ou, em outras palavras, de *pós-feminismo*. Abordaremos o caráter transnacional desse movimento e a utilização das redes sociais para dar visibilidade a pautas emergentes, como sucedeu com as manifestações do #metoo e #elenão e a ampliação das ações dos chamados *coletivos* devido à integração destes a outros movimentos sociais. Nesse último capítulo, faremos ainda aproximações entre os estudos de gênero e a educação, demonstrando como a escola também opera como uma instituição para a normatização dos corpos. E como não poderíamos nos furtar de abordar uma questão que ganhou destaque e se tornou polêmica atualmente, também discorreremos sobre o debate moral do ensino do conceito de gênero nas escolas.

Nosso propósito é convidar você a se debruçar sobre a questão feminista de forma ampla, pois os temas aqui tratados dizem muito a respeito da sociedade dominante e da procura por repensá-la em termos críticos. Faremos uma breve introdução dos tópicos aqui expostos, sem a pretensão de aprofundá-los. No entanto, delinearemos um caminho para os interessados adentrarem nesse rico universo de crítica e reflexão social.

Como aproveitar ao máximo este livro
[...]

Empregamos nesta obra recursos que visam enriquecer seu aprendizado, facilitar a compreensão dos conteúdos e tornar a leitura mais dinâmica. Conheça a seguir cada uma dessas ferramentas e saiba como elas estão distribuídas no decorrer deste livro para bem aproveitá-las.

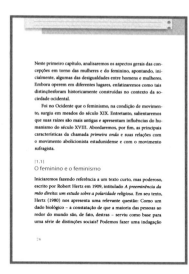

[Introdução do capítulo]
Logo na abertura do capítulo, informamos os temas de estudo e os objetivos de aprendizagem que serão nele abrangidos, fazendo considerações preliminares sobre as temáticas em foco.

[Indicações culturais]

Para ampliar seu repertório, indicamos conteúdos de diferentes naturezas que ensejam a reflexão sobre os assuntos estudados e contribuem para seu processo de aprendizagem.

[Síntese]

Ao final de cada capítulo, relacionamos as principais informações nele abordadas a fim de que você avalie as conclusões a que chegou, confirmando-as ou redefinindo-as.

[Atividades de autoavaliação]

Apresentamos estas questões objetivas para que você verifique o grau de assimilação dos conceitos examinados, motivando-se a progredir em seus estudos.

Atividades de autoavaliação

1] Neste capítulo, abordamos os sentidos atribuídos aos termos *feminino* e *feminismo*. Sobre isso, marque V para as asserções verdadeiras e F para as falsas.

( ) O feminino descreve certas características físicas que influenciam o comportamento das mulheres.

( ) O feminismo ajuda a desconstruir a ideia naturalizada da mulher impressa na ideia de feminino. O feminismo é uma ideologia de gênero que se configura no oposto simétrico do machismo. Feminismo e feminino são conceitos que se complementam: o primeiro reivindica um espaço político, o segundo valoriza as características da mulher.

Agora, assinale a alternativa que apresenta a sequência correta:

a) V, V, V, F.
b) V, V, F, F.
c) F, V, F, F.
d) V, F, F, V.
e) F, F, F, V.

2] Com relação ao papel da mulher durante o período medieval apresentado pelo historiador Georges Duby (2013), é correto afirmar:

a) Apenas as damas conseguiam ter alguma projeção na vida social, principalmente as religiosas.

b) A mulher era confinada ao espaço doméstico, reservada ao cuidado da família e à reprodução (geração de herdeiros).

[Atividades de aprendizagem]

Aqui apresentamos questões que aproximam conhecimentos teóricos e práticos a fim de que você analise criticamente determinado assunto.

Atividades de aprendizagem

Questões para reflexão

1] Converse com sua mãe e avó (ou com parentes e amigas mais velhas) e peça que elas relatem brevemente os seguintes aspectos de sua história:

a) Como era sua relação com os pais e quais foram os principais conflitos vividos.

b) Em quais condições elas tiveram os filhos, dentro ou fora do casamento, e quais as principais dificuldades encontradas.

Com base nos relatos colhidos, reflita e identifique aspectos do machismo presentes na trajetória de vida dessas mulheres.

2] Ao longo deste capítulo, tratamos do movimento sufragista e da luta feminina por igualdade de direitos políticos. Considerando o exposto, elabore um pequeno texto crítico/reflexivo sobre a importância da participação política das mulheres na vida pública.

Atividade aplicada: prática

1] Encontre voluntárias de três grupos etários distintos: jovens de até 20 anos; mulheres entre 30-40 anos; e senhoras acima dos 60 anos. Você pode escolher até três pessoas para cada faixa de idade. Em seguida, solicite que cada uma descreva algumas situações em que se depararam com o machismo. Ao final, compare os relatos e aponte:

[Bibliografia comentada]

Nesta seção, comentamos algumas obras de referência para o estudo dos temas examinados ao longo do livro.

Introdução

[...]

Escrevo na posição de pesquisadora, de mulher e de feminista. Poucos são os campos teóricos que têm a capacidade de convergir ativismo e teorias em um só lugar, e certamente o feminismo é um deles. Como mulher, não poderia ser diferente, pois quem sou hoje – minhas escolhas e trajetórias – está estreitamente vinculado ao movimento feminista; às precursoras deste, que, ao confrontarem padrões estabelecidos pela sociedade dominante, permitiram que as mulheres ocupassem outros papéis antes restritos aos homens. O feminismo, como bem colocou Marcia Tiburi (2018), ao questionar a sociedade dominante, colocou-se como um campo analítico e crítico dos valores que a governam. Desse modo, quando falamos de *feminismo*, produzimos um pensamento verdadeiramente sociológico, pois essa disciplina se instituiu no final do século XIX, ao mesmo tempo como um instrumento para a compreensão do social e para o seu questionamento.

Tiburi (2018) situa o feminismo em um campo amplo: para todas, pois as mulheres foram historicamente as grandes protagonistas do feminismo; para "todes", pois insere outras expressões de gênero e sexualidade; e, por fim, para todos, já que permite uma autocrítica dos valores dominantes, ansiando pela construção de outra ideia de humanidade. Ainda que o questionamento sobre a exclusão feminina da esfera pública tenha produzido o movimento feminista, podemos afirmar que sua pauta não é necessariamente sobre mulheres. Como destacam Luis Felipe Miguel e Flávia Biroli (2010), o feminismo imbuído dos ideais de universalidade e igualdade traz à tona a temática da inclusão de todos, independentemente do sexo. Conhecer as trajetórias de um movimento como o feminismo, ao mesmo tempo tão amado e odiado, é conhecer a história, não apenas das mulheres, mas também das minorias étnicas, raciais, sociais etc.

Se a história contada é a dos vencedores, como afirmam alguns, estes são homens. Se não há lugar na história para as mulheres, é como se elas não tivessem um passado. Ao tratar do feminismo e de suas precursoras, colocaremos primeiramente a mulher na história. Como não falar de Mary Wollstonecraft, uma das "avós" do feminismo, que já no século XVIII escrevia sobre os direitos das mulheres partindo de uma leitura crítica da sociedade e da cultura? Ou Sojourner Truth, que, na luta pela emancipação dos negros em 1851, silenciou uma convenção inteira desconstruindo a ideia da suposta fragilidade feminina? Como ignorar Maria Lacerda de Moura, anarquista e uma das primeiras feministas brasileiras, tão pouco conhecida do grande público? Sim, as mulheres têm uma história e contaremos um pouco dela aqui, situando a trajetória do movimento feminista e seus desdobramentos.

Portanto, como se pode perceber, o feminismo se coloca diante de uma ordem dominante e a questiona, articulando suas pautas com os interesses mais gerais de grupos excluídos. Nesse sentido, há uma aproximação entre o feminismo e as teorias sociológicas, como o marxismo, dialogando diretamente com as noções de classe e exploração do trabalho. Outros temas que problematizam a participação da mulher na esfera política se inserem no campo da ciência política. Há ainda uma aproximação do pensamento feminista com os chamados *estudos decoloniais**, ao contestar o pensamento hegemônico na produção do conhecimento. O posicionamento crítico, aberto ao entendimento dos diálogos periféricos, integrou ao feminismo também questões de ordem étnicas, raciais, morais e estéticas.

O feminismo é comumente dividido em três grandes momentos, os quais serão apresentados aqui em profundidade: a primeira onda, marcada pelos movimentos sufragista e abolicionista do final do século XIX e início do século XX; a segunda onda feminista, que nos anos 1960 tratou dos direitos reprodutivos e da liberdade sexual da mulher; e a terceira onda, ou o pós-feminismo, descontruindo a centralidade da mulher como principal sujeito do feminismo, abarcando temas como igualdade e diferença, justiça e reconhecimento.

Em suma, ao longo do livro, você encontrará conteúdos atuais e instigantes com o objetivo de promover a reflexão, torcer o olhar e pensar a realidade social sob uma outra perspectiva. O feminismo nos oferece essa possibilidade.

---

*   Os estudos decoloniais ou pós-coloniais questionam as narrativas ocidentais da modernidade, gerando críticas das mais diversas na literatura, na sociologia, na antropologia, na filosofia etc.

A primeira onda feminista: movimentos abolicionista e sufragista
[Capítulo 1]

Neste primeiro capítulo, analisaremos os aspectos gerais das concepções em torno das mulheres e do feminino, apontando, inicialmente, algumas das desigualdades entre homens e mulheres. Embora operem em diferentes lugares, enfatizaremos como tais distinções foram historicamente construídas no contexto da sociedade ocidental.

Foi no Ocidente que o feminismo, na condição de movimento, surgiu em meados do século XIX. Entretanto, salientaremos que suas raízes são mais antigas e apresentam influências do humanismo do século XVIII. Abordaremos, por fim, as principais características da chamada *primeira onda* e suas relações com o movimento abolicionista estadunidense e com o movimento sufragista.

[1.1]
O feminino e o feminismo

Iniciaremos fazendo referência a um texto curto, mas poderoso, escrito por Robert Hertz em 1909, intitulado *A preeminência da mão direita: um estudo sobre a polaridade religiosa*. Em seu texto, Hertz (1980) nos apresenta uma relevante questão: Como um dado biológico – a constatação de que a maioria das pessoas ao redor do mundo são, de fato, destras – serviu como base para uma série de distinções sociais? Podemos fazer uma indagação semelhante para pensar a respeito das desigualdades entre homens e mulheres, que parecem existir em diferentes partes do mundo – pois é de conhecimento comum que, no decorrer dos séculos, as mulheres sempre estiveram reservadas a um segundo plano, localizado no espaço doméstico, na reprodução da espécie e no cuidado da família, enquanto o espaço público, o lugar da política, parece ter sido reservado aos homens*.

Para Bourdieu (2003), não é o biológico em si mesmo que provoca desigualdades, ou seja, não há nada no corpo do homem ou da mulher – e até no dos destros e canhotos citados por Hertz (1980) – que produza diferença. A questão é que essas diferenças biológicas são construções sociais naturalizadas. É como se, por exemplo, a capacidade de gestação feminina fosse a causa de a mulher ter sido associada à casa e ao espaço doméstico. No pensamento de Bourdieu, é a construção simbólica sobre a capacidade reprodutiva feminina (sem dúvida um dado biológico) que inscreve a mulher em determinados espaços e a retira de outros.

Essa assimetria entre masculino e feminino (neste primeiro momento tratada como referência à oposição homem/mulher) é a base para o que o autor denominou de *visão androcêntrica de mundo*. Essa visão, centrada no masculino, ao construir arbitrariamente o biológico, institui simbolicamente o falo como signo de superioridade.

> Assim, a "visão androcêntrica" do mundo legitimar-se-ia continuamente por meio das práticas que ela própria determina,

---

* Posteriormente, a universalidade da subordinação das mulheres será questionada no interior do próprio discurso feminista, como veremos ao longo desta obra.

> condicionando homens e mulheres, dominantes e dominados, aos mesmos esquemas de pensamento – expressos numa linguagem binária e hierarquizada – e ação – compelindo ambos os sexos a agir conforme o que deles se espera. (Breder, 2010, p. 37)

Para perpetuar esse androcentrismo, faz-se necessário o apoio de instituições sociais para sua reprodução simbólica e prática. Bourdieu considera que a Igreja, a família, a escola e o Estado são algumas dessas instituições que trabalham para legitimar implícita ou explicitamente a dominação masculina. Vale salientar que Bourdieu constrói sua argumentação tendo como pilar os resultados de sua pesquisa de campo realizada entre as décadas de 1950 e 1960, na região da Cabília, localizada no norte da Argélia. Neste tópico, partimos de sua argumentação para tratar especificamente da sociedade ocidental, da qual somos herdeiros.

Os textos feministas clássicos, objetos deste capítulo, chamam a sociedade androcêntrica de ***patriarcado***, situando-a como uma estrutura opressora que, ao longo da história, subordinou as mulheres a uma ordem social centralizada na figura masculina, construindo o que Marcia Tiburi (2018) denominou de *verdadeira ideologia de gênero*. A respeito disso, a autora argumenta que:

> Nessa ideologia, os homens em geral sempre trataram as mulheres como incapazes para o conhecimento e o poder, como traidoras (o que é confirmado em mitos como Pandora e o Gênesis), como loucas e más [...], como se fossem animais domesticados para a força do trabalho ou alimento sexual. A misoginia, por sua vez, foi o sustentáculo, uma espécie de lastro que autoriza o comportamento masculino contra o diálogo e a favor de toda essa violência. (Tiburi, 2018, p. 48-49)

A violência à qual Tiburi (2018) se refere não é apenas a física. Trata-se, antes, de uma violência simbólica, expressa na concepção de uma inferioridade que seria inata à mulher e ligada à concepção de **feminino**. A noção de feminino sintetiza essa arbitrariedade com a qual as diferenças sociais são naturalizadas, vinculando a mulher à natureza, ao domínio dos instintos, concebendo-a como uma força natural que precisa ser controlada, direcionada. E é ai que entra o poder do masculino, inscrito na esfera da razão, no pensamento linear, na esfera da cultura*.

Voltemos alguns séculos de nossa história rumo ao século XII. Com isso, poderemos explicar melhor de que modo a concepção do feminino foi sendo historicamente construída em nossa sociedade. Georges Duby (2013), na obra *As damas do século XII*, cujo tema é o papel exercido pelas mulheres da nobreza na sociedade medieval, revela como a imagem da mulher foi associada a uma inferioridade física, moral e espiritual quando comparada à dos homens. Tal noção vincula-se diretamente à elaboração do pensamento religioso cristão, o qual produziu um elo entre a mulher e o "mal". Nesse período, a ideia de pecado original ganhou força, e com ela, a necessidade de controlar a mulher e seu corpo, potencialmente perigoso, fonte do pecado e da luxúria.

O universo medieval narrado por Duby (2013) explicitou uma sociedade masculina marcada pela ausência feminina dos espaços sociais. Essas mulheres da nobreza estavam restritas ao espaço doméstico e aos conventos, aos quais se destinavam seja para

---

* Na Seção 4.1, abordaremos a distinção entre masculino e feminino com maior profundidade.

aguardarem o casamento arranjado, seja para lá permanecerem ao se tornarem viúvas*.

Na casa, cabia à dama se sujeitar aos desmandos do senhor, violência de gênero que também se reproduzia no campo, mas sob outra roupagem. As camponesas estavam sempre vulneráveis/expostas ao estupro dos clérigos e cavaleiros, pois elas também não tinham domínio de si, não eram donas de seus próprios corpos. Nessa perspectiva, a mulher era considerada uma força natural que deveria ser domada, como já afirmamos anteriormente.

Cabe ainda ressaltar que os conventos tinham um papel essencial na vida das mulheres: nesses espaços, a presença masculina era proibida, tornando-os um refúgio. Não foi por acaso que, nesse período, se proliferaram ordens e mosteiros fundados por mulheres. Podemos entender esse fato não como uma aceitação da condição feminina, mas como uma resistência à ordem social imposta pelos homens.

É importante destacar que Duby (2013) alertou para a criação e a reprodução da invisibilidade e do isolamento feminino na sociedade medieval. Muitas mulheres da nobreza eram instruídas intelectualmente, em alguns casos, até mais do que seus maridos, mais dedicados às artes da guerra. No entanto, praticamente não há textos, ensaios ou poemas produzidos por mulheres. Assim, a mulher, salvo raras exceções, foi excluída da história.

---

*   Segundo Duby (2013), as mulheres que enviuvavam ainda jovens e em idade considerada fértil retornavam ao mercado de casamentos, pois na época um dos principais valores (talvez o único) das mulheres era a sua fertilidade.

Na história do Ocidente, não foram escassos os momentos em que a mulher, associada ao mal, potencialmente perigosa, precisou ser calada. A construção da imagem da **bruxa** ao longo da Idade Moderna é outro bom exemplo do "silenciamento" feminino. Essa figura pertencia ao mundo da natureza e da selvageria: adoradora do diabo, devassa, metamorfa, infanticida e, não raramente, entregue a ritos canibais (Ribeiro, 2003).

Pelas razões aqui expostas, o feminino se opõe historicamente ao feminismo. O primeiro consiste em um conjunto de representações vinculadas aos ideais de maternidade, sexualidade, beleza e comportamento – ou seja, em uma visão da sociedade dominante acerca da experiência de ser mulher. Ao segundo, cabe desconstruir essas pré-noções e a própria ideia de feminino. O feminismo remete à diversidade de experiências e à liberdade de escolhas, a partir das quais o sujeito conquista seu lugar de fala.

A liberdade de expressão é fundamental para o feminismo. A mulher, mesmo segregada ao espaço doméstico, sempre desenvolveu uma sociabilidade paralela, marginal. As redes de solidariedade entre mulheres, que se estendiam nas cozinhas e nos quintais das casas (Maluf, 1993), nos mostram que elas desenvolveram estratégias de escape ao controle masculino. Podemos até dizer que são estratégias de insubordinação. O feminismo, no entanto, é diferente: antes de emergir como movimento organizado no fim do século XIX, há

> O feminino se opõe historicamente ao feminismo. Enquanto o primeiro naturaliza determinados comportamentos sociais, imputando-os à mulher, o segundo emerge na medida em que a mulher vai conquistando seu lugar de fala e seu o direito de se expressar publicamente.

um "protofeminismo" que passou a denunciar as condições de inferioridade vividas pelas mulheres.

O feminismo veio descontruir a visão naturalizada de mulher, reivindicando o *status* de igualdade social, política e jurídica. Ao reivindicar para as mulheres outros lugares além daqueles a elas historicamente imputados, o feminismo passou a olhar a sociedade criticamente para poder transformá-la. Para Tiburi (2018), esse movimento encarna um processo verdadeiramente democrático, que enxerga as desigualdades resultantes de uma sociedade machista e patriarcal e procura superá-las, buscando relações verdadeiramente inclusivas.

O pensamento de Tiburi (2018) corrobora o de Angela Davis (2017), que afirma que o verdadeiro empoderamento das mulheres só é possível quando se pensa em questões mais amplas, ligadas às desigualdades e à luta em defesa da democracia e da inclusão social:

> As afro-americanas trazem ao movimento das mulheres uma forte tradição de luta em torno de questões que as vinculam politicamente às causas progressistas mais cruciais. Esse é o sentido do lema "Erguendo-nos enquanto subimos". Tal abordagem reflete as aspirações e os interesses frequentemente desarticulados de massas de mulheres de todas as origens raciais. (Davis, 2017, p. 17)

Para essas autoras, o feminismo não pode ser reduzido ao gênero, à condição de mulher como sujeito do feminismo. Trata-se de uma abordagem mais ampla, relacionada aos preconceitos que afetam diferentes minorias. O gênero, assim como a cor da pele, é o que se chama de ***marcador de opressão***, ou seja, uma forma de controle social utilizada para a domesticação do ser humano. Voltaremos a esse ponto mais adiante.

No entanto, os marcadores de opressão são redefinidos pelos grupos que os carregam e, assim, transformados em **marcadores de ação política**. Um deles é o **lugar de fala**, espaço fundamental no campo da política e das relações de poder em que indivíduos se expressam. Os sujeitos silenciados precisam se colocar no campo do diálogo, e os que detêm o privilégio da fala devem (aprender a) saber ouvir. Para Tiburi (2018), essa "voz", esse livre espaço para se expressar, é uma prerrogativa do "homem branco" – expressão utilizada para representar relações de poder nas quais gênero e capitalismo se sobrepõem; no entanto, por meio da luta constante, os espaços de fala podem ser abertos, ampliados. Por esse motivo, o feminismo, diz a autora, não se resume, como já afirmado antes, a uma luta de mulheres, devendo se unir a outras vozes: negros, trabalhadores, índios, transgêneros etc.

Segundo Tiburi (2018, p. 71), o feminismo não é uma ideologia nem pode ser considerado apenas um conceito. Trata-se de "um complexo operador ético-político, analítico, crítico e desconstrutivo e serve como lente de aumento que põe foco sobre as relações humanas". Nesse sentido, o feminismo opera como uma leitura crítica da realidade, colocando em foco relações de poder que se comportam como se fossem inatas. Ao propor uma abordagem analítica da sociedade, o feminismo tampouco pode ser considerado uma ideologia, no sentido marxista que a autora dá ao termo*, haja vista que seu objetivo é "descortinar" tais relações.

No decorrer dos capítulos deste livro, veremos que uma única definição não é capaz de abarcar a complexidade do feminismo. Principalmente porque, ao longo de pouco mais de um século de história, esse movimento tem se transformado, estando em um estado de permanente devir e, também, vem se aproximando de outros grupos e movimentos sociais. O termo *feminismo* é, por conseguinte, plural, pois designa múltiplas definições e atuações possíveis. Como movimento organizado no decorrer da história, dedicou-se a distintas questões: durante a primeira onda feminista, focalizou a luta por direitos políticos; na segunda onda feminista, dedicou-se à busca por igualdade de direitos sexuais e reprodutivos; e, finalmente, na terceira onda feminista, tornou-se difuso, adquirindo contornos transnacionais, porém ainda engajado no combate às múltiplas formas de violência contra mulheres.

[1.1.1]
A noção de patriarcado e a figura do homem branco

O termo *patriarcado* é bastante utilizado no campo do discurso feminista. Com frequência, fala-se que vivemos sob uma ordem patriarcal, machista e, sobretudo, excludente. Mas o que é, exatamente,

---

* Algumas interpretações do conceito marxista de ideologia remetem à ideia de "cortina de fumaça", ou seja, a um conjunto de ideias que oculta os interesses que estão por trás delas (Codato, 2016). Outros autores, como Louis Dumont (2008), concebem-na apenas como um conjunto de ideias e valores de uma sociedade. Neste livro, utilizaremos a acepção marxista do termo, predominante no pensamento feminista.

uma sociedade patriarcal? De acordo com Tiburi (2018), o patriarcado é o sistema social vigente, fundamentado em uma ordem econômica, social e política que privilegia alguns grupos e coloca outros à margem. Os privilegiados, nesse caso, são os homens, pois vivemos em uma sociedade machista, e é a partir deles que os valores de mundo são impostos às mulheres.

O machismo, conforme definiu a autora, é um sistema de crenças que imprime superioridade aos homens por características atribuídas à masculinidade, como força física e uso da "razão" na resolução de problemas. Trata-se de um sistema cristalizado há muito tempo e, portanto, do qual é difícil "escapar", já que seus valores operam também em um nível inconsciente. Quando naturalizamos a maternidade como condição feminina, ou quando afirmamos que o cuidado com a família e a delicadeza são "instintivos" das mulheres – concebendo-os, ainda, como características inferiores, que sinalizam certa fragilidade e irracionalidade do indivíduo e entrega às emoções –, reproduzimos, sem intenção, o machismo.

O conceito de patriarcado, entretanto, é ainda mais amplo e define certas relações de poder que não apenas inferiorizam mulheres, mas discriminam pessoas dadas a cor de sua pele e sua posição social. Por esse motivo, é possível estabelecer conexões diretas entre o patriarcado e o capitalismo.

O capitalismo cria uma ideologia de que as oportunidades são iguais para todos. No entanto, a existência e a manutenção desse sistema só são possíveis com a produção de desigualdades. A ideologia da meritocracia, tão defendida pela ordem vigente, exemplifica como a desigualdade socioeconômica se perpetua por meio de uma aparente igualdade. A meritocracia defende a ideia de que qualquer um, independentemente de cor, raça, sexo, com esforço e determinação, pode alcançar qualquer posição na sociedade. Se não alcança, é porque não tentou o suficiente. Mas, na prática, não é bem assim.

As pessoas apresentam marcações sociais que podem ser rompidas, mas não facilmente. Considere: sujeitos pobres vivem em condições sociais precárias, em cenários nos quais o Estado se faz ausente (dificuldade de acesso aos serviços básicos de saúde, saneamento básico, fornecimento de energia elétrica, coleta de lixo etc.), e muitas vezes começam a trabalhar muito cedo em detrimento de uma educação formal. Como, então, é possível que essas pessoas tenham as mesmas oportunidades que as pertencentes às classes mais abastadas, que não enfrentam a falta daqueles recursos básicos já mencionados? Da mesma forma, homens e mulheres não competem em condição de igualdade, mas sofre menos opressão uma mulher branca do que uma mulher negra. A mulher negra, além do signo de ser mulher, carrega o signo da raça, sofrendo, dessa maneira, uma dupla opressão.

Por isso, ao falar da sociedade dominante como **branca** e **masculina**, Tiburi (2018) está colocando signos de marcação para denunciar algumas formas de opressão que se sucedem: diferenças impostas às pessoas pelo seu sexo biológico, pela cor de sua pele e pela sua posição social. Há nessa concepção um diálogo direto com o marxismo, que, como veremos ao longo desta obra, tem uma importância crucial para a história do pensamento feminista.

Veremos, ainda, que o conceito de patriarcado foi criticado por parte da teoria feminista ainda nos anos 1970, quando foram contestadas as ideias universalizantes sobre a opressão feminina. Segundo essa visão, a utilização de categorias genéricas para explicar a condição das mulheres também é uma forma de opressão, de ordem colonial (Butler, 2018), pois expande a realidade vivenciada na sociedade ocidental, industrializada, para todas as partes do globo.

A categoria *patriarcado* também foi questionada de forma contundente por Gayle Rubin (1975). Para essa autora, o termo, longe de designar um sistema universal de opressão, remete a um tipo de organização social situada no tempo e no espaço, caracterizada por um modelo nômade e pastoril do Velho Testamento, no qual os homens detinham poder absoluto sobre as mulheres.

Para os autores que criticam o uso da palavra *patriarcado*, há maior ênfase no aspecto histórico e cultural desse termo. Ao olharmos para a sociedade contemporânea, por exemplo, seria possível identificar a permanência de uma dominação masculina, mas não em termos de uma ordem patriarcal, pautada no domínio político e doméstico absoluto do patriarca (Miguel, 2017). No entanto, autoras como Carole Pateman (1988) consideram esse conceito importante para compreender a dominação masculina e os processos desiguais de dominação política.

Segundo Pateman (1988), a força do conceito de patriarcado está, simultaneamente, no seu valor de uso e no seu sentido intrínseco para entender a assimetria política (e social) entre homens e mulheres. Ela estabelece uma ordenação histórica para situar o patriarcado em diferentes contextos: 1) patriarcado tradicional – analogia entre o controle da família pelo patriarca e o controle do Estado; 2) patriarcado clássico – identificação real entre o poder do pai e o do governante, como ocorreu nas monarquias absolutistas; e 3) patriarcado moderno – no qual há uma emergência do indivíduo e uma igualdade entre os homens, mas uma dominação coletiva sobre as mulheres (Pateman, 1988).

O conceito de patriarcado utilizado por Saffioti (2004) se aproxima das ideias de Pateman (1988) e Tiburi (2018), por considerá-lo um exercício do poder político para legitimar a desigualdade entre homens e mulheres. De acordo com Saffioti (2004), o patriarcado não é estático e está em permanente transformação, mas permanece como uma ferramenta teórica poderosa para compreender o sistema de exploração e dominação dos homens sobre as mulheres. Da mesma forma, o feminismo não é estático e, em um jogo dialético com a noção de patriarcado, assume diferentes contornos.

Neste livro, mostraremos que outros termos e conceitos também foram adotados para tratar a desigualdade de gênero, como *androcentrismo, falocentrismo* e *heteronormatividade.*

[1.2]
Primeiras reflexões sobre o movimento feminista

Como veremos ao longo dos capítulos deste livro, a história do feminismo não é linear, mas permeada por múltiplos eixos temáticos e protagonistas. Ainda que utilizemos como artifício a imagem desse movimento em "ondas", marcando assim períodos de grandes transformações sociais que incidiram diretamente sobre ele, trata-se, na verdade, de um método para melhor analisá-lo e entendê-lo. A polissemia das vozes e personagens que fizeram (e fazem) o feminismo está associada a múltiplos fatores: sociais, econômicos, étnicos, culturais e religiosos. Desse modo, só podemos compreender o feminismo e sua pluralidade interconectando tais aspectos.

Para tanto, temos como ponto de partida o que se convencionou chamar de *primeira onda do feminismo*, resultante da articulação de determinadas mulheres, de inúmeras partes do mundo, nos movimentos políticos em torno da luta por direitos civis – como direito ao voto, à abertura de conta em bancos e recebimento de herança e à participação na vida pública. Quais os diferentes caminhos que levaram essas e outras mulheres ao entendimento de que as desigualdades de toda sorte somente poderiam ser revertidas na arena da disputa política?

Ana Paula Vosne Martins (2018) argumenta que é possível traçar dois caminhos principais que culminaram na primeira onda feminista: 1) a crítica à teoria filosófica e a influência dos princípios humanistas; e 2) as religiões protestantes dissidentes, como os *quakers**, cujos valores igualitários tanto se contrapunham à instituição da escravatura quanto incentivavam a participação feminina na vida pública.

---

* O movimento *quaker* surgiu na Inglaterra em meados do século XVII. Também conhecido como *Sociedade dos Amigos*, seus praticantes foram perseguidos por suas crenças, entre elas a de que a presença de Deus reside em todas as pessoas. Os *quakers* pregavam um pensamento igualitário, o qual considerava a existência da igualdade espiritual e moral entre homens e mulheres.

[1.2.1]

As influências do pensamento humanista

A percepção das desigualdades que silenciavam as mulheres, colocando-as em uma posição não apenas subalterna, mas tutelada, é antiga. Os primeiros passos para a produção de uma fala feminina sistemática a respeito da opressão feminina começaram no despertar do humanismo* e do Iluminismo**.

A noção de que um substrato natural comum originou toda a espécie humana carrega em seu bojo o pressuposto da igualdade entre sujeitos e por isso impactou profundamente a maneira como o mundo era interpretado. Com o humanismo, nasceu o ideário de igualdade de direitos civis, no entanto, a organização da sociedade aristocrática tinha a desigualdade social como pilar.

Tal desigualdade, no caso das mulheres, estava enraizada no pensamento herdeiro do medievo, que as considerava intelectualmente menos capazes e fisicamente mais frágeis. Essa acepção persistiu apesar dos ideais igualitários nascentes e mesmo entre

---

*   O humanismo foi um movimento intelectual e artístico que surgiu ainda no final do século XIV com o declínio da Idade Média. Para o humanismo, o homem dotado de ação não era um ser passivo à mercê da vontade divina, mas um ser ativo e medida de todas as coisas.

**   O Iluminismo foi um movimento intelectual do século XVIII, que ficou conhecido como *Século das Luzes*. Esse período sintetiza uma série de correntes filosóficas, as quais tinham em comum uma valorização da razão e a exaltação dos ideais de igualdade, liberdade, fraternidade e tolerância. Havia ainda no movimento uma defesa das instituições modernas, como o Estado, o qual deveria ser separado da Igreja.

filósofos importantes. O próprio Jean-Jacques Rousseau* (1712-1778) defendia que a divisão entre homens e mulheres teria se originado na comunidade primitiva devido às características físicas das mulheres, sobretudo os longos períodos de resguardos durante/após a gravidez. A gestação e a necessidade de cuidados com as crianças teriam, assim, **naturalmente** relegado os homens ao espaço público, e as mulheres, à vida doméstica. Note que toda a argumentação sobre a desigualdade feminina e os espaços sociais reservados às mulheres tinha como base uma naturalização das relações sociais, o que passou a ser questionado por várias escritoras que floresceram de forma mais ordenada a partir do século XVII.

Até então, as mulheres não eram formalmente educadas, pois com a consolidação do pensamento medieval, a educação se tornou uma prerrogativa essencialmente masculina. Esse quadro começou a se alterar no século XVII, quando foram fundadas as primeiras escolas femininas, tanto protestantes quanto católicas. Não cabe aqui descrever o que impulsionou o advento dessas escolas, mas é preciso frisar que o surgimento da imprensa e a divulgação de livros escritos nos diversos idiomas falados – em outros períodos, os livros eram escritos apenas em latim – também contribuíram para tornar a educação formal mais acessível.

---

*   Jean-Jacques Rousseau é um dos "pais" do Iluminismo. Suas obras mais famosas são *Discurso sobre a origem e os fundamentos da desigualdade entre os homens* (1754) e o *Contrato social* (1762), nas quais eleva a liberdade ao *status* de valor/princípio fundamental da realização humana.

Devemos, nesse ponto, destacar os impactos ocasionados pela instrução feminina. A educação possibilitou às mulheres o ingresso no mundo letrado e a apropriação das técnicas de escrita, bem como o domínio da argumentação oral em diferentes círculos literários. Conforme explica Zechlinski (2012) em sua tese de doutorado, a instrução formal também propiciou o aparecimento de algumas pensadoras – como Madame de La Fayette e Jacqueline Pascal, sobre as quais falaremos mais adiante – que passaram a problematizar as concepções de inferioridade feminina, argumentando que esta, na verdade, era decorrente de um sistema desigual de acesso ao conhecimento, e não de um substrato natural ou moral.

Ainda segundo Zechlinski (2012), foram dois fatores em especial que viabilizaram a emersão de textos de caráter feminista durante o século XVII: o acesso à educação e o surgimento dos salões literários. Estes eram espaços aristocráticos de encontro que permitiam às mulheres discutir sobre artes, política, filosofia, moral etc. Esses fatores elevaram o número de escritoras na França:

> O número de escritoras e de mulheres letradas nesse momento na França foi tão grande em comparação com épocas passadas que o fenômeno chegou a receber um nome: o movimento das "preciosas". Essas mulheres estavam inseridas nos espaços letrados onde o conhecimento era produzido e muitas delas utilizaram a escrita para difundir o seu pensamento sobre a sociedade em que viviam e sobre a sua própria escrita, acabando por promover uma nova imagem da intelectualidade feminina. (Zechlinski, 2012, p. 12)

Durante os séculos XVII e XVIII, uma série de escritoras envolvidas em diferentes estilos de produções (romances, ensaios, textos filosóficos etc.) começou a elaborar um tipo de conhecimento que não é propriamente feminista, mas lançou bases para o feminismo da primeira onda – que floresceu, de fato, no final do século XIX e no início do século XX. A autora explica que Madeleine de Scudéry (1607-1701), por exemplo, defendeu a capacidade intelectual da mulher. Já Jacqueline Pascal (1625-1661), religiosa e educadora, centrou seus escritos na importância da educação feminina. E, ainda, Madame de La Fayette (1634-1693), que, embora nunca tenha assinado seus escritos, os quais se voltavam ao universo dos sentimentos femininos acerca do casamento, era conhecida no círculo intelectual e aristocrático.

Entretanto, nesta seção, daremos ênfase a duas escritoras libertárias e revolucionárias do século XVIII: Olympe de Gouges (1748-1793) e Mary Wollstonecraft (1759-1797). Um dos motivos dessa escolha deve-se aos ideais de liberdade e igualdade presentes no pensamento dessas duas mulheres, que se contrapunham ao casamento e defendiam o amor livre, o desenvolvimento intelectual feminino e a igualdade de direitos políticos.

Olympe de Gouges foi revolucionária, escritora e ativista dos direitos das mulheres. Na época, como era comum, criou clubes nos quais as mulheres podiam se encontrar para discutir política. Seu texto mais famoso é a *Declaração dos direitos das mulheres e das cidadãs*, de 1791 – um contraponto à *Declaração universal dos direitos do homem e do cidadão* (1789) –, que denuncia o não reconhecimento por parte da Revolução Francesa da igualdade de direitos das mulheres.

Apesar dos ideais de igualdade do século em questão, ainda se considerava que homens e mulheres detinham atributos distintos, ligados à sua natureza biológica. Por esse motivo, parecia lógico àquela mentalidade que as mulheres não gozassem dos mesmos direitos. Gouges (2007, p. 2), então, afirmou, já no artigo primeiro da sua declaração, que a mulher "nasce livre e permanece igual ao homem em direitos". Suas críticas lhe custaram caro: foi guilhotinada a mando de Robespierre (Muller; Bocquet, 2014). Note aqui uma grave contradição: conforme Martins (2004), ao contrário do que ocorreria no início do século seguinte, a Revolução Francesa, no final do século XVIII, chamou atenção pela destacada participação política feminina*. Quer dizer, as mulheres não eram reconhecidas como iguais, porém tiveram participação fundamental no movimento revolucionário.

---

* Martins (2004) argumenta que a produção de um determinado discurso sobre o corpo, produzido pela medicina do século XIX, teria sido um elemento responsável pelo retrocesso da participação política feminina. Para maiores detalhes, ver Martins (2004).

Figura 1.1 – A destacada participação feminina na Revolução Francesa retratada na gravura *Marcha das mulheres à Versalhes*

MARCH of the Women to Versailles. In: HOWITT, W. **Cassells' Illustrated History of England**. London: Cassell Petter & Galpin, 1861. v: From the Accession of George III. to the French Revolution (July, 1792). p. 469. Disponível em: <https://babel.hathitrust.org/cgi/pt?id=uc2.ark:/13960/t54f22t26&view=1up&seq=1>. Acesso em: 27 mar. 2020.

A escritora inglesa Mary Wollstonecraft também foi impactada pelos ideais da Revolução Francesa. Dotada de uma personalidade incomum para a época (libertária, avessa ao matrimônio e às limitações sociais impostas às mulheres), Wollstonecraft talvez tenha sido a primeira escritora não a denunciar a condição feminina, mas a elaborar de modo sistemático um pensamento que retirou tal condição da dimensão moral e a colocou no campo da política. Seu livro mais famoso é *Reivindicação dos direitos da mulher*, de 1792, no qual denuncia a exclusão das mulheres da esfera pública.

Para ela, cabia às mulheres produzir os elementos necessários à sua respectiva emancipação. Sua principal reivindicação era o acesso feminino à educação formal, tida como uma via para se alcançar a igualdade de condições, como se nota no excerto a seguir:

> Levadas por sua situação de dependência e suas ocupações domésticas a estar mais em sociedade, elas aprendem aos poucos e, como para elas, em geral, o aprendizado é algo secundário, não se dedicam a nenhuma disciplina com o ardor e a perseverança necessários para dar vigor às faculdades e clareza ao julgamento. No atual estado da sociedade, um pequeno aprendizado é necessário a fim de respaldar o caráter de um cavalheiro, e os meninos são obrigados a se submeter a alguns anos de disciplina. Mas, no tocante à educação das mulheres, o cultivo do entendimento é sempre subordinado à obtenção de algum dote físico [...]. Fortaleça a mente feminina, expandindo-a, e haverá um fim à obediência cega; mas, como o poder busca a obediência cega, os tiranos e os homens sensuais estão certos quando se esforçam por conservar a mulher no escuro, pois os primeiros querem somente escravas, e os últimos, um brinquedo. (Wollstonecraft, 2016, p. 43, 45)

A defesa pela igualdade entre homens e mulheres faz com que Wollstonecraft seja considerada a primeira autora feminista. Sua obra foi traduzida em vários países da Europa e atravessou o Atlântico, influenciando o pensamento do movimento sufragista estadunidense e o brasileiro. No Brasil, atribui-se à Nísia Floresta, considerada uma das primeiras militantes do feminismo nacional, uma tradução livre da obra de Wollstonecraft, em 1832 – obra essa que foi adaptada à realidade brasileira e recebeu o título de *Direito das mulheres e a injustiça dos homens*.

[1.2.2]
A influência religiosa

A influência religiosa na constituição do feminismo é menos evidente e mencionada. Isso se deve, possivelmente, à tendência de generalizar o cristianismo, uma vez que nas doutrinas cristãs, sobretudo na católica, houve certa inclinação ao silenciamento da experiência religiosa feminina. Apesar disso, algumas correntes do cristianismo seguiram um posicionamento inverso àquele.

Desde seu surgimento, em meados do século XVI, as religiões protestantes promoveram alguns avanços na questão feminina, como a exigência dos estudos bíblicos como prerrogativa para a experiência religiosa, o que demandou o letramento tanto das mulheres quanto dos homens. Tal fato resultou, como comenta Zechlinski (2012), na proliferação de instituições de ensino feminino, pois se acreditava que a instrução das mulheres, dedicadas aos cuidados dos filhos, era estratégica para a propagação da religião. No entanto, foram as chamadas *religiões protestantes dissidentes*, como os *quakers*, que impulsionaram maior evolução, constituindo-se em comunidades parcialmente autônomas e pautadas em pressupostos igualitários, inclusive quanto à participação ativa na vida pública.

Em outras palavras, nas comunidades religiosas citadas anteriormente, as mulheres gozavam de relativa igualdade se comparadas às de outras realidades: recebiam educação formal adequada, participavam de sociedades filantrópicas e podiam ascender ao ministério religioso e falar em público durante os encontros religiosos. Martins (2018) afirma que a prática feminina de comunicação oral, realizada nos espaços comunitários, teria facilitado a participação feminina nos movimentos políticos. Com isso, essas mulheres conseguiram sair do espaço privado e protagonizar importantes debates em convenções públicas. Lucretia Mott (1793-1880) e as irmãs Sarah (1792-1873) e Angelina (1805-1879) Grimké, protagonistas do movimento abolicionista estadunidense e, posteriormente, do movimento sufragista, por exemplo, tornaram-se importantes oradoras, atraindo grande público para suas palestras – inclusive o masculino –, entre os anos 1830 e 1840.

As religiões dissidentes nos Estados Unidos e na Inglaterra, em especial os *quakers*, tiveram também um papel central no combate à escravidão. Na lógica dessas religiões, o sistema escravocrata era uma afronta aos valores morais cristãos, pois negava o ideal de igualdade estendido a todos os seres humanos. O ensaio escrito por John Woodman, em 1794, intitulado *Considerações sobre a manutenção de negros*, denunciava a escravidão como: contrária à "necessidade puritana de ser diligente para a obtenção da graça", pois, segundo ele, "a escravidão levava os brancos à indolência; e impedia os cristãos de praticarem a humildade e docilidade, uma vez que os senhores de escravos estariam desempenhando o papel de Deus" (Paiva, 2010, p. 56). Desse modo, o movimento antiescravatura teve forte adesão das comunidades religiosas *quakers*, inclusive das mulheres provenientes destas. Não por acaso, Mott e as irmãs Grimké, que também eram *quakers*, protagonizaram o movimento abolicionista, como já citado.

Como veremos na próxima seção do livro, a participação feminina no movimento abolicionista possibilitou uma reflexão direta sobre as desigualdades existentes na sociedade da época. A causa permitiu que as mulheres estabelecessem uma relação direta entre a opressão dos negros e a sua própria. Lembremos que as mulheres tinham seu papel apreciado dentro da família, mas não eram cidadãs: Sem direito ao voto, quais direitos políticos lhes eram garantidos?

Trataremos de alguns aspectos centrais da primeira onda do feminismo considerando os movimentos abolicionista e sufragista como complementares. Apesar desses movimentos se difundirem em vários países, daremos maior ênfase aos movimentos estadunidenses. Optamos por esse recorte para privilegiar o diálogo com o famoso livro de Angela Davis, *Mulheres, raça e classe* (2013), devido à articulação feita entre três categorias fundamentais para compreender diferentes momentos do feminismo: gênero, raça e classe. Em seu livro, Davis já colocava em xeque o conceito de feminismo que necessariamente deve considerar a posição de seus atores e os seus lugares de fala.

Angela Davis e o movimento feminista negro

Angela Davis nasceu em Birmingham, Alabama, em 1944. Viveu sua infância sob a lógica da segregação racial, experimentando em seu cotidiano as consequências da violência sobre sua comunidade, pois, nessa época, a Ku Klux Klan, organização civil baseada no ideário do "poder branco", atuava ativa e violentamente contra os negros.

Aos 14 anos, Davis ganhou uma bolsa de estudos para estudar em Nova York, o que promoveu seu desenvolvimento intelectual, bem como despertou seu interesse por filosofia. Tornou-se professora da Universidade de Berkeley, Califórnia, e, em meados dos anos 1960, filiou-se ao Partido Comunista dos Pantera Negras. Ativista, passou a lutar de forma engajada por igualdade de direitos.

Em meados de 1969, Davis esteve envolvida com os esforços para libertar os "irmãos Soledad", três jovens que ficaram assim conhecidos por terem sido encarcerados na Prisão Soledad, em Monterey. Um deles, George Jackson, foi preso por roubar U$ 71,00 em um posto de gasolina.

Pouco tempo depois, Jonathan, irmão de George, invadiu o tribunal do júri para libertar um amigo acusado de esfaquear um policial. Armados, Jonathan e outros jovens renderam todos, inclusive o juiz, e pediram a soltura dos irmãos Soledad em troca da liberdade dos reféns. Houve uma troca de tiros, na qual o juiz morreu, seguida de intensa reação das autoridades.

O fato é que a arma utilizada por George foi atribuída como propriedade de Davis, que de fato havia comprado um revólver para sua defesa algum tempo antes. Acusada de sequestro e atividade terrorista, a ativista passou a figurar entre os 10 criminosos mais perigosos dos Estados Unidos. Alguns meses depois, ela se entregou e passou 18 meses na cadeia.

A espetacularização do caso, desde o mandado de prisão até seu encarceramento, promoveu grande mobilização social para a soltura de Davis. O movimento denominado *Angela Davis free* ganhou apoio de artistas e intelectuais. Depois, as acusações foram retiradas e ela foi inocentada. Desde sua soltura até os dias de hoje, Davis segue como uma das vozes mais conhecidas do movimento feminista negro.

[1.3]
Mulheres e o movimento abolicionista

O escritor negro, abolicionista e defensor dos direitos das mulheres Frederick Douglass (1818-1895) escreveu que o movimento abolicionista foi um movimento de mulheres. É com essa mesma afirmação que Davis (2013) inicia o capítulo sobre o movimento abolicionista estadunidense. Nesse ponto do livro, surge a dúvida: Qual a conexão entre a causa antiescravatura e a situação das mulheres? Explanaremos sobre essa questão adiante.

Ainda na primeira metade do século XIX já havia uma mobilização feminina em torno da causa abolicionista, mas sua participação se tornou mais efetiva a partir da década de 1930, quando foram fundadas as primeiras sociedades antiescravagistas encabeçadas por mulheres. Essas sociedades não eram meros espaços de encontro, discussão e mobilização: uma de suas finalidades era angariar fundos para a causa abolicionista. Algumas tornaram-se famosas, como a Sociedade Feminina Antiescravatura, fundada na Filadélfia em 1833 por Lucretia Mott, também responsável pela organização da Convenção Americana Antiescravatura. Apesar de proeminente, a Sociedade da Filadélfia não foi a primeira. Um ano antes, em Massachussets, fora criada a primeira sociedade abolicionista negra, mas a de Mott se tornou nacionalmente reconhecida. Nesse período, a ativista já gozava de grande prestígio como oradora e a Sociedade Antiescravatura motivou a proliferação de outras organizações sociais por todo país.

A causa abolicionista parecia ter o poder de reunir diferentes classes e origens sociais: as mulheres (e homens) brancas da burguesia e da classe média, as trabalhadoras fabris (sobretudo da indústria têxtil) e os negros livres. Segundo Brah (2007), o envolvimento com o movimento abolicionista teria chamado atenção para as desigualdades sociais presentes tanto na condição escrava quanto na feminina. Ocorreu então o que Henning (2015) considerou ser um entrelaçamento de condições distintas, mas mutuamente desiguais.

As mulheres fizeram uma analogia direta entre sua condição e a dos escravos: i) a inferioridade na estrutura familiar e do matrimônio, entendidas como "tuteladas" por seus maridos, os quais tinham direito de imprimir-lhes castigos físicos caso julgassem necessário; ii) a limitação do espaço feminino ao ambiente doméstico; iii) a proibição de se manifestarem em público – embora participassem da vida religiosa, as *quakers* estavam entre as poucas que podiam fazer pregações em público; e iv) a ausência/escassez de direitos políticos, sendo, na melhor das hipóteses, cidadãs de segunda ordem.

Algumas abolicionistas brancas também perceberam aspectos que as assemelhavam à situação dos escravos. Uma delas foi Prudence Crandall* (1803-1890), educadora e abolicionista. Ela foi proprietária de uma escola para educação feminina em Connecticut e passou a aceitar alunas negras em seu estabelecimento. Sua atitude provocou protestos entre a comunidade branca e, em resposta, Crandall não só aumentou o número de vagas para negras, como também começou a empregar funcionários negros, dentre os quais a senhora Charles Harris, abolicionista que a aproximou do editor do jornal *O Libertador*. O periódico abolicionista divulgou a escola de Crandall e as dificuldades enfrentadas; e a professora, por seu turno, também contribuiu com artigos, engajando-se de forma mais sistemática no movimento abolicionista.

Davis (2013) exalta as irmãs Grimké, vistas por ela como personagens emblemáticas, e Crandall por conseguirem perceber a forte relação entre a causa abolicionista e a luta pelos direitos das mulheres. Educar meninas negras no século XIX, como fez Crandall, era um ato revolucionário, pois a ênfase na educação como instrumento para emancipação feminina já era considerada uma questão central por suas predecessoras, ainda no século XVII.

No entanto, o lugar de fala das mulheres brancas instruídas era diferenciado: apesar de não possuírem direitos políticos, estavam em uma posição privilegiada, pois eram senhoras respeitadas da

---

*   Crandall, assim como Lucretia Mott, era *quaker*, reforçando o envolvimento dessa religião com a causa abolicionista.

sociedade. Seu papel de destaque e o acesso aos círculos intelectuais conferiram-lhes um protagonismo no movimento abolicionista. As trabalhadoras da indústria (têxtil), embora tenham aderido à causa, são tomadas como figuras secundárias. Da mesma forma, o movimento abolicionista contou com inúmeras participações de negras, mas poucas tiveram o mesmo destaque atribuído à Lucretia Mott ou às irmãs Grimké. Por quê?

Davis (2013) pede nossa atenção e reflexão acerca de um fato: a invisibilização das chamadas *minorias* pela história. Se a produção literária feminina foi desprezada, fazendo com que várias escritoras fossem esquecidas por décadas, algo semelhante parece ocorrer aqui. Nesse caso, são as mulheres de uma elite branca que "falam" sobre o abolicionismo, em vez dos próprios negros, e o nascente movimento feminista.

Evidentemente, as mulheres brancas de classe média dominavam as letras, o que lhes dava maior expressividade, pois detinham o domínio de expressões, conceitos e artifícios literários correntes. No entanto, elas muitas vezes monopolizavam os espaços de fala, atribuindo, assim, um lugar secundário na causa às suas "companheiras" negras e proletárias. Quando, por exemplo, a ex-escrava Sojourner Truth (1797-1883) se levantou para realizar seu famoso discurso, posteriormente intitulado *Eu não sou uma mulher?*, na Convenção em Akron, em 1851, houve mulheres que pediram para que não a deixassem falar.

Davis (2013) enfatiza os diferentes lugares de fala femininos: i) as mulheres brancas de classe média consideravam o casamento análogo à escravidão, pois, para elas, a falta de paridade com os maridos e a limitação de acesso aos espaços públicos as colocava em uma posição servil; ii) para as trabalhadoras da indústria têxtil, eram as péssimas condições de trabalho e os salários desiguais entre homens e mulheres que as aproximavam da escravidão; iii) já para as mulheres negras, a luta pelos direitos da mulher era uma luta secundária, pois o que estava em jogo era a emancipação de um grupo social inteiro. As mulheres negras consideravam que os direitos femininos eram importantes, mas a principal pauta de reivindicação, além da abolição, era o acesso à educação.

[1.4]
As sufragistas

À medida que o movimento abolicionista se expandia e tomava contornos mais sólidos no espaço de disputa política, as mulheres não só percebiam sua própria condição desigual, mas também adquiriam mais experiência na atuação em espaços públicos. Uma parcela dessas vivências culminou, por exemplo: i) na formação da Sociedade Antiescravagista; ii) na organização de eventos, como as convenções e conferências, dedicados ao angariamento de recursos, ao diálogo e, com isso, à tomada de decisões diversas; e, ainda, iii) na produção regular de artigos e editoriais de revistas, principalmente sobre temas ligados ao movimento abolicionista. No entanto, como indivíduos sem direito a exercer plenamente a cidadania, mesmo com domínio da prática de discursos, poderiam reivindicar suas demandas nos espaços formais do Estado? A solução encontrada foi usar petições como ferramentas de ação, de imposição.

Como coloca Davis (2013), com o tempo, as mulheres se tornaram muito eficientes na elaboração dessas petições, percebendo que se tratava da construção de um documento e, por conseguinte, era preciso dominar certos códigos e procedimentos, com os quais não estavam, de início, familiarizadas. Além do próprio desafio da escrita, o ato de caminhar pelas ruas em busca de assinaturas para as petições também era laborioso, sendo, por vezes, recriminado, visto como um comportamento antifeminino.

A articulação em defesa dos direitos civis das mulheres tinha de enfrentar aquela visão cristalizada acerca da natureza destas e seus comportamentos considerados (in)apropriados – uma visão cujos ecos ainda podemos encontrar nos dias atuais –, já explanada anteriormente neste livro. Quer dizer, na sociedade conservadora do século XIX, a mulher era considerada mais frágil física e intelectualmente e, por esse motivo, não apenas deveria ser "cuidada" pelos homens como também "preservada" dos espaços considerados mais combativos a sua natureza "delicada".

Tal fragilidade feminina, retratada em poemas e romances, era de fato uma crença, ou seja, não se pode dizer que se tratava de uma manipulação dos homens para subjugar as mulheres. Como apontam Miguel e Biroli (2010, p. 665), a exclusão da mulher na esfera da política pode ser compreendida por meio de vivências concebidas como tipicamente femininas, como a maternidade: "essas experiências são, nesse caso, definidas como a base para a valorização da diferença entre homens e mulheres no espaço público e no âmbito da atuação política".

Quando as mulheres, já mobilizadas pelo direito ao sufrágio, colocaram essa questão em pauta na Conferência de Akron, realizada em 1851, um dos homens justificou a ausência do direito ao voto feminino em função justamente da suposta fragilidade sobre a qual falamos há pouco. Sojourner Truth, que havia ido à conferência, desconstruiu tal argumento com um discurso potente, que entrou para história como um marco tanto na luta pela igualdade das mulheres quanto na resistência negra:

> Aquele homem ali diz que é preciso ajudar as mulheres a subir numa carruagem, é preciso carregar elas quando atravessam um lamaçal e elas devem ocupar sempre os melhores lugares. Nunca ninguém me ajuda a subir numa carruagem, a passar por cima da lama ou me cede o melhor lugar! E não sou uma mulher? Olhem para mim! Olhem para meu braço. Eu capinei, eu plantei, juntei palha nos celeiros e homem nenhum conseguiu me superar! E não sou uma mulher? Eu consegui trabalhar e comer tanto quanto um homem – quando tinha o que comer – e também aguentei as chicotadas! E não sou mulher? Pari cinco filhos e a maioria deles foi vendida como escravos. Quando manifestei minha dor de mãe, ninguém, a não ser Jesus, me ouviu! E não sou uma mulher? (Sojourner Truth, citada por Tardeli, 2018)[*]

---

[*] Retiramos o discurso de Sojourner Truth do *site*: <http://www.justificando.com/2018/01/31/sojourner-truth-traz-duro-discurso-contra-invisibilidade/>. O discurso foi reproduzido na íntegra por Tardelli no dia 31 de janeiro de 2018. Trechos do discurso também foram transcritos em Davis (2013, p. 47).

Em seu discurso de improviso, Sojourner Truth fez uma reflexão que captou duas grandes questões que viriam a ser foco do feminismo. A primeira delas é que, como discutido neste capítulo, as posições dos sujeitos não são as mesmas e envolvem outras complexidades, como condições econômicas, lugar na estrutura social, trajetórias e experiências subjetivas. A segunda foi perceber que, apesar das diferenças entre ela e as mulheres brancas, havia pontos de convergência, pois ambas estavam submetidas a uma estrutura desigual de relações de poder.

A fala de Sojourner Truth aponta para uma sociedade que aciona "marcas" depreciativas sobre as mulheres, mas que são diferentes de acordo com as posições sociais destas. Na prática, a noção de fragilidade se estendia apenas às mulheres da elite ou classe média. As proletárias não eram associadas à fragilidade, ao contrário, deveriam trabalhar mais e ganhar menos, justamente pelo fato de serem mulheres. Quanto às negras, a escravidão deixou várias marcas, dentre as quais o estereótipo de uma sexualidade incontida.

O fato é que nem todas as lideranças do movimento sufragista tiveram a perspicácia de Sojourner Truth para perceber que a causa das mulheres também se conectava com outras desigualdades. Quando a Guerra Civil Americana (1861-1865) libertou os escravos do norte, permitindo seu alistamento no exército, os sentimentos racistas germinaram no referido movimento. Segundo Davis (2013), muitas mulheres não viram com bons olhos que o direito dos negros tenha chegado antes dos delas. Elizabeth Cady Stanton (1815-1902), por exemplo, que se destacara por sua atuação na abolição e no movimento sufragista, sendo presidente da União Nacional das Mulheres Sufragistas, argumentou em uma carta publicada em 1865 pelo jornal New York Standard:

> Por que serão os africanos mais justos e generosos que os seus parceiros saxônicos? Se aos dois milhões de mulheres negras do Sul não foram assegurados os direitos de pessoa, propriedade, salário e filhos, a sua emancipação é outra forma de escravatura. De fato é melhor ser escravo de um homem branco educado, do que um negro ignorante e degradante. (Stanton, citada por Davis, 2013, p. 56)

Em suma, tais manifestações de teor racista, acentuadas após a aprovação da 15ª Emenda (1870), que estendia o direito ao voto aos homens negros, mas não às mulheres, foram intensificadas/propagadas por uma parcela das sufragistas. Outras, entretanto, como Angelina Grimké, não consideravam que as conquistas obtidas pelos negros desqualificavam de algum modo a luta pelo direito ao voto feminino.

[1.4.1]
O movimento feminista: Convenção de Seneca Falls (1848)

Pouco mais de duas décadas antes da aprovação da 15ª Emenda, o movimento pelo sufrágio estava altamente estruturado, apesar das diferenças de trajetórias e de posições sociais entre as integrantes. A mobilização crescente em torno da conquista feminina por direitos civis convergiu na realização da primeira convenção sobre os direitos da mulher, a Convenção de Seneca Falls.

Esse evento é considerado o marco inicial do movimento feminista estadunidense, embora, nesse momento, ainda não tivesse tal nome. No evento, liderado por Lucretia Mott e Elizabeth Cady Stanton, foi redigida a famosa *Declaração dos sentimentos*, na qual foram elencadas restrições políticas e desigualdades sociais às quais as mulheres estavam submetidas. O documento, que chama atenção pelo tom imperativo das requisições, exigia igualdade de direitos e, com isso, cidadania plena para as mulheres. Para dar legitimidade política ao documento, a *Declaração dos sentimentos* foi baseada na *Declaração de independência dos Estados Unidos* (Garcia, 2011). O texto reivindicava claramente a igualdade entre os sexos, o que ia além do direito ao voto: incluía o direito de ter propriedades em seu nome, de abrir comércios, de participar da vida pública etc. Por isso, o voto era tão caro a todas as mulheres, independentemente da raça ou da posição social, pois apenas com sua participação efetiva no processo político assegurariam seus direitos.

Quanto às operárias, tinham como principal finalidade a melhoria de suas respectivas condições de trabalho e de salários. Inicialmente, o voto não era pauta do grupo, mas, aos poucos, com a consciência de que a participação na vida política era um meio de transformação social, ele ganhou atenção. O editorial da revista *Revolution* (1868), anos mais tarde, após Seneca Falls, contribuiu exacerbadamente para direcionar o foco da militância feminina trabalhista para o sufrágio:

Iremos mostrar que o voto irá assegurar para a mulher um lugar igual e salário igual no mundo do trabalho; irá abrir-lhe as escolas, os colégios, as profissões e todas as oportunidades e vantagens da vida; que na sua mão haverá um poder moral para segurar a corrente do crime e miséria em todo o lado. (Susan Anthony, citada por Davis, 2013, p. 103)

O sufrágio só foi enfim obtido em todos os estados estadunidenses no ano de 1920, com a aprovação da 19ª Emenda. No entanto, ao longo desse percurso, foram conquistados direitos importantes, como o direito à propriedade. Apesar das controvérsias em torno do posicionamento de Elizabeth Stanton, não se pode negar a importância de sua atuação no alcance do sufrágio e no movimento pelos direitos das mulheres em si.

O movimento sufragista ocorreu também em outros países, sendo os movimentos da Inglaterra e dos Estados Unidos os mais conhecidos. Porém, foi a Nova Zelândia, em 1897, o primeiro país a conceder o direito ao voto feminino. Quanto ao Brasil, o sufrágio percorreu um longo percurso até ser adquirido em 1932, com a sanção do Presidente Getúlio Vargas.

O movimento pelo sufrágio foi mudando ao longo dos anos. De início, estava relacionado predominantemente à conquista dos direitos civis, mas com o tempo aproximou-se do movimento sindical e da luta por direitos sociais. No início do século XX, o termo *feminismo* foi efetivamente adotado, passando a incorporar a designação *movimento feminista*, e houve articulação ainda maior com o movimento sindical, tendo Leonora O'Reilly (1870-1927) como uma de suas principais lideranças.

Figura 1.2 – A organização e o trabalho ativo da Liga das Mulheres Eleitoras, nos Estados Unidos, em 1924

Figura 1.3 – Três mulheres votando em Nova York, em 1917

Indicação cultural

A fim de que você compreenda melhor as dificuldades para ocupar um lugar de fala e ter direitos socialmente reconhecidos, sugerimos o filme a seguir:

AS SUFRAGISTAS. Direção: Sarah Gavron. Reino Unido: Pathé, 2015. 106 min.

> O filme conta a luta feminina pelo direito ao voto na Inglaterra. As mulheres, após duas décadas de manifestações pacíficas sem efeitos, decidem desafiar as leis no que foram denominados *atos de insubordinação*. O filme tem como protagonista uma jovem operária que vê no movimento sufragista um espaço para se expressar. A produção traz ainda outros dilemas femininos da época: a desigualdade salarial, a ausência de direitos das mães sobre seus filhos e a violência contra a mulher.

Síntese

Neste capítulo, procuramos abordar temas importantes para a compreensão do contexto feminino na sociedade ocidental. Vimos que, ao longo da história, as mulheres foram silenciadas, relegadas ao lar e aprisionadas às funções biológicas de seus corpos. No entanto, nenhuma dominação é pacífica. As mulheres encontraram formas variadas de resistência, criando uma sociabilidade própria, paralela e à margem da sociedade vigente.

Esse cenário começou a se modificar em meados do século XVII, quando floresceu uma ávida produção literária feminina, em diferentes gêneros: do romance à poesia; dos ensaios aos tratados filosóficos. Esse despertar foi influenciado pelo surgimento da imprensa e pela disseminação da cultura letrada.

Influenciadas pelo pensamento humanista, centrado nos ideais de igualdade e liberdade, as mulheres começaram a questionar seu papel na sociedade, reivindicando igualdade de direitos civis, políticos e sociais.

O reconhecimento da desigualdade, que ultrapassa as fronteiras de gênero, promoveu um engajamento feminino maciço no movimento abolicionista. As condições da escravidão permitiram uma analogia direta à própria condição de subordinação feminina, fundando os alicerces de um movimento organizado pelos direitos das mulheres.

O movimento sufragista, deflagrado entre o século XIX e início do século XX, foi além do direito ao voto, evidenciando uma série de denúncias sobre as condições restritivas das mulheres, incluindo a ausência de direitos civis, como abrir conta em banco ou ter propriedade em seu nome. As restrições econômicas e políticas colocavam a mulher numa posição subordinada em relação ao homem.

Vimos que o movimento pelo sufrágio foi formado por diferentes vozes, com interesses diversos. Também não foi desprovido de contradições: quando a população negra passou a adquirir direitos, como o voto para os homens, germinaram sentimentos racistas dentro do movimento – o que não invalida o movimento e sua força em apontar desigualdades sociais e disputar no campo político um lugar no qual as mulheres tivessem representatividade.

Atividades de autoavaliação

1] Neste capítulo, abordamos os sentidos atribuídos aos termos *feminino* e *feminismo*. Sobre isso, marque V para as asserções verdadeiras e F para as falsas.

( ) O feminino descreve certas características físicas que influenciam o comportamento das mulheres.

( ) O feminismo ajuda a desconstruir a ideia naturalizada da mulher impressa na ideia de feminino.O feminismo é uma ideologia de gênero que se configura no oposto simétrico do machismo.Feminismo e feminino são conceitos que se complementam: o primeiro reivindica um espaço político, o segundo valoriza as características da mulher.

Agora, assinale a alternativa que apresenta a sequência correta:

a) V, V, V, F.

b) V, V, F, F.

c) F, V, F, F.

d) V, F, F, V.

e) F, F, F, V.

2] Com relação ao papel da mulher durante o período medieval apresentado pelo historiador Georges Duby (2013), é correto afirmar:

a) Apenas as damas conseguiam ter alguma projeção na vida social, principalmente as religiosas.

b) A mulher era confinada ao espaço doméstico, reservada ao cuidado da família e à reprodução (geração de herdeiros).

c) A vida religiosa imposta pelos conventos era o único espaço que permitia às mulheres gozar de igualdade social e moral em relação aos homens.

d) As camponesas não estavam presas à obrigatoriedade dos casamentos arranjados e, por isso, gozavam de maior liberdade do que as damas.

e) Ao contrário das damas, as camponesas tinham maior liberdade, participando, inclusive de transações comerciais.

3] Segundo Angela Davis (2013), as associações entre a realidade feminina e a escravidão eram diversificadas de acordo com a realidade vivenciada por um determinado grupo social. A esse respeito, é correto afirmar:

a) As mulheres negras consideravam que a emancipação feminina era necessária para acabar com uma espécie de escravidão matrimonial por elas vividas.

b) Para as mulheres negras, era essencial abolir a escravidão, sendo a causa feminina considerada uma pauta secundária.

c) As mulheres trabalhadoras brancas consideravam o casamento uma forma de escravidão e a principal instituição a ser combatida.

d) As mulheres da classe média tinham consciência de que gozavam de uma situação privilegiada, distinta das demais mulheres pelas quais lutavam.

e) As mulheres trabalhadoras defendiam o fim da escravidão por acreditarem que o trabalho assalariado era verdadeiramente livre.

4] Nos séculos XVII e XVIII, floresceu uma intensa produção literária feminina. Sobre as razões que ocasionaram o aumento do número de escritoras mulheres, é correto afirmar:

a) Foi motivado, entre outros fatores, pela revolução da imprensa, que promoveu a democratização da cultura escrita.

b) Teve como principal suporte a pregação das religiões dissidentes evangélicas, conhecidas por defender o igualitarismo.

c) Foi consequência da proliferação de conferências ministradas por mulheres e realizadas em diferentes cidades.

d) Teve como motivador o apoio de filósofos como Jean-Jacques Rousseau, o qual acreditava que as mulheres deveriam ocupar os espaços públicos.

e) Foi intensamente motivado pela revolução burguesa, sobretudo pelas fases da Revolução Francesa.

5] Com relação ao movimento sufragista estadunidense, assinale a alternativa correta:

a) Revelou a integração de interesses entre mulheres, classes sociais e movimentos de igualdade racial.

b) Foi protagonizado por mulheres da elite estadunidense, sem adesão da classe trabalhadora.

c) Houve grande projeção de militantes negras, o que reservou um papel secundário aos segmentos médios da sociedade.

d) Serviu como trampolim para a organização dos movimentos abolicionistas do início do século XIX.

e) Revelou uma rachadura profunda na sociedade estadunidense, trazendo à tona o racismo entre muitas sufragistas da elite.

Atividades de aprendizagem

Questões para reflexão

1] Converse com sua mãe e avó (ou com parentes e amigas mais velhas) e peça que elas relatem brevemente os seguintes aspectos de sua história:

a) Como era sua relação com os pais e quais foram os principais conflitos vividos.

b) Em quais condições elas tiveram os filhos, dentro ou fora do casamento, e quais as principais dificuldades encontradas.

Com base nos relatos colhidos, reflita e identifique aspectos do machismo presentes na trajetória de vida dessas mulheres.

2] Ao longo deste capítulo, tratamos do movimento sufragista e da luta feminina por igualdade de direitos políticos. Considerando o exposto, elabore um pequeno texto crítico/reflexivo sobre a importância da participação política das mulheres na vida pública.

Atividade aplicada: prática

1] Encontre voluntárias de três grupos etários distintos: jovens de até 20 anos; mulheres entre 30-40 anos; e senhoras acima dos 60 anos. Você pode escolher até três pessoas para cada faixa de idade. Em seguida, solicite que cada uma descreva algumas situações em que se depararam com o machismo. Ao final, compare os relatos e aponte:

a) Quais os elementos comuns às narrativas.

b) Quais elementos apontam para uma transformação do machismo ao longo do tempo, isto é, novas práticas opressivas.

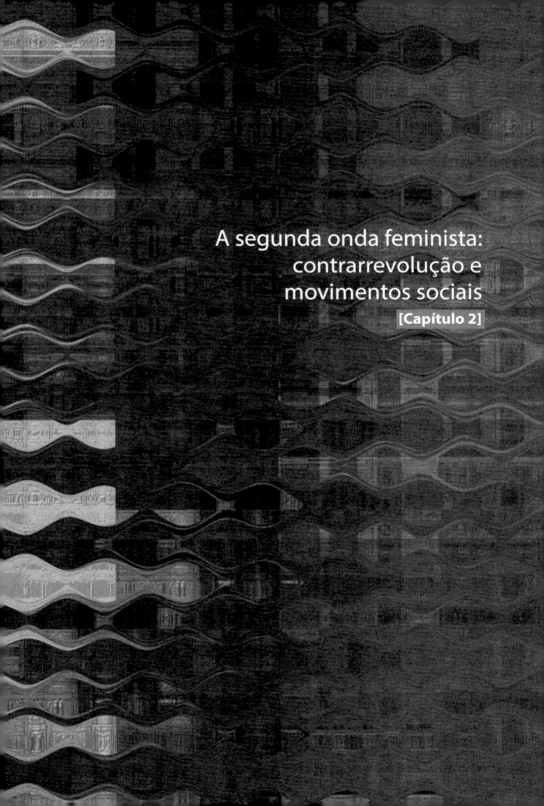

A segunda onda feminista:
contrarrevolução e
movimentos sociais

[Capítulo 2]

Neste capítulo, explanaremos o contexto social, político e cultural que levou à emergência da chamada *segunda onda feminista* na década de 1960. Não é possível analisar essa ramificação do movimento com profundidade sem considerar: a contestação dos conceitos de família e de domesticidade; o surgimento da cultura jovem que rompeu com a geração anterior; o cenário pós-guerra etc. No campo das ideias, também não poderíamos deixar de citar duas autoras que ofereceram contribuições cruciais: Virginia Woolf e Simone de Beauvoir.

Traçando um paralelo entre a segunda onda e o movimento sufragista, do qual tratamos no Capítulo 1, é possível perceber aspectos distintos: enquanto este último lutava por direitos políticos e contava com grupos centralizados, aquele buscava contestar/ rejeitar costumes por meio da subversão da ordem e tinha uma organização dispersa. Veremos, agora, grupos femininos autônomos, que tinham em comum referências teóricas, os sentidos de liberdade e da livre expressão do corpo, da sexualidade e das vontades. Verificaremos, também, que se soma a essas transformações a inserção do feminismo na academia: os estudos feministas puseram em xeque o pensamento estabelecido, revelando a reprodução, ainda que muitas vezes de modo inconsciente, das convenções cristalizadas pela oposição universalizante entre homens e mulheres.

[2.1]
Precursoras: os escritos de Virginia Woolf e Simone de Beauvoir

Como observou Adelman (2016, p. 34), após a conquista do voto, o feminismo, enquanto movimento organizado, se dispersou – como se um "ciclo tivesse se fechado" após a longa mobilização em torno de direitos políticos – e ressurgiu quase três décadas depois, com a segunda onda.

Após o sufrágio, foram poucas as ocasiões de encontro para a mobilização política ou manifestações coletivas. Os redutos intelectuais e artísticos, porém, mantiveram abertos os espaços de discussão, nos quais a igualdade de direitos continuou a ser uma questão fundamental. Nesse cenário, duas autoras deixaram suas marcas em momentos diferentes da história: a britânica Virginia Woolf (1882-1941) e a francesa Simone de Beauvoir (1908-1986).

Um ponto semelhante entre as duas era o modo como consideravam que a mulher fora marginalizada, quando não excluída do pensamento social e da história. Para Woolf (2012), era preciso resgatar essa história das mulheres. Em vários artigos, a autora refutou o papel atribuído à mulher e a prerrogativa de sua domesticidade, imortalizada pela expressão *anjo do lar*, proveniente de um poema de Coventry Patmore (1823-1896). Nesse poema, ainda de acordo com a escritora, o amor conjugal e o papel doméstico das mulheres são exaltados:

> Totalmente altruísta. Excelente nas difíceis artes do convívio familiar. Sacrificava-se todos os dias. Se o almoço era frango, ela ficava com o pé; se havia ar encanado, era ali que ia se sentar – em suma,

> seu feitio era nunca ter opinião ou vontade própria, e preferia sempre concordar com as opiniões e vontades dos outros. E acima de tudo – nem preciso dizer – ela era pura. Sua pureza era tida como sua maior beleza [...]. (Woolf, 2012, p. 12)

Podemos observar que todos os atributos da domesticidade, criticados por Woolf, são aprendidos por meio de determinados padrões de comportamento e concepções acerca do feminino. O "anjo do lar" é a mulher que abdica de si, de suas vontades e opiniões para cumprir a função de esposa e mãe. Conforme Senem (2008), tais concepções cristalizaram uma "verdade" sobre as (in)capacidades femininas: que são desprovidas de poder inventivo e de genialidade. A razão também era, nesse sentido, um atributo inferior, desenvolvido apenas para cumprir com presteza funções para as quais mulheres seriam aptas: o cuidado com o marido, os filhos e os afazeres domésticos.

Da mesma forma que Woolf, Beauvoir (2009) também se contrapôs ao ideário da domesticidade feminina. Segundo a pensadora, os comportamentos femininos não têm nada de natural, ou seja, são internalizados, sendo, portanto, construções sociais. A sociedade, organizada com base em um padrão masculino estabeleceu, assim, "marcas" nas mulheres como um artifício para mantê-las apartadas da vida social, econômica e política, conforme percebemos no cartão postal a seguir, publicado em 1906, no qual se lê "A mente ampliada de uma mulher".

Figura 2.1 – Atributos de domesticidade socialmente exaltados relacionados às mulheres

A WOMAN'S Mind Magnified. 1906. Cartão portal: color.

A forte crítica que essas duas autoras teceram sobre a domesticação do feminino e o controle de uma sociedade masculina tiveram um impacto evidente, como dito antes, sobre a emergência da segunda onda feminista. Os textos de Woolf e Beauvoir vieram a atender um sentimento crescente de crítica aos padrões estabelecidos, como família e sexualidade, típicos dos anos 1960. Além da contestação de padrões morais, o feminismo dessa década, assim como os movimentos de minorias étnicas e raciais, trouxe e reforçou uma crescente insatisfação com o silenciamento feminino em diferentes espaços: políticos, econômicos e também acadêmicos.

[2.1.1]
Virginia Woolf e a independência feminina

Virginia Woolf nasceu em Londres, em 1882. Filha de família burguesa, interessou-se ainda jovem pela literatura, possivelmente motivada pelo pai, que era editor e crítico literário. Entretanto, ela, ao contrário dos seus irmãos, não teve acesso à educação formal e foi instruída em casa – como era comum na época. Embora a restrição à educação formal não a tenha impedido de produzir uma obra robusta e influente, ela considerava que esta era uma das maiores limitações impostas as outras mulheres.

Ao longo de sua carreira como escritora, Woolf escreveu muitos textos sobre a posição da mulher e as dificuldades encontradas para sua inserção na sociedade. Em diversos textos, a autora tratou da idealização de uma suposta natureza feminina pacata e servil. Uma das críticas feitas por Woolf estava relacionada à redução dos espaços de inclusão da mulher, destacando as dificuldades encontradas no campo literário, mas que podem ser estendidas para as demais áreas do conhecimento.

Ao perceber o domínio do poder patriarcal, a autora passou a refutar, em suas produções, aquela ideia de verdade enraizada sobre a natureza feminina. Todas as limitações atribuídas às mulheres não seriam, conforme Woolf, fruto de sua natureza, supostamente mais frágil, mas um reflexo de relações sociais cujos efeitos produziam: i) o silenciamento das mulheres e a produção de uma verdade masculina; ii) e o alijamento dessas do conhecimento necessário para a produção intelectual ativa. Em seus escritos, apontou ainda vários mecanismos de produção da "incapacidade" feminina, dentre os quais, a ausência de autonomia econômica (Senem, 2008; Silva, 2009).

Foi para denunciar as restrições impostas às mulheres que, em 1905, Woolf publicou no jornal *The Guardian* uma resposta ao argumento do escritor inglês W. L. Courtney (1850-1928), segundo o qual a escrita feminina empobrecia a literatura. Argumento semelhante ao qual Woolf novamente refutaria anos mais tarde, quando o romancista Arnold Bennett (1867-1931), na época muito prestigiado pelo público, defendeu a inferioridade intelectual da mulher. A ambos Woolf deu a mesma resposta: se há limitação, esta é, antes, fruto da falta de acesso adequado ao universo literário e à educação formal.

Tais críticas alertaram para a necessidade de se criar uma perspectiva histórica das mulheres e, assim, compreender as "barreiras" enfrentadas, traçando estratégias para reverter a atual situação destas. A história, para Woolf, é entendida como um elemento para legitimação da mulher, sistematicamente silenciada, motivo pelo qual Senem (2008) estabelece um paralelo entre a obra de Woolf e os escritos do pós-colonialismo. O feminismo e o pós-colonialismo são movimentos que se originaram no final do século XIX como um contraponto ao discurso dominante, patriarcal e eurocêntrico. O esforço de fazer ouvir outras vozes, como as mulheres e as populações colonizadas, é um deslocamento em direção a uma sociedade plural, o que viria, décadas depois, a se tornar uma marca dos estudos feministas. É nesse sentido que Senem (2008), ao analisar o livro de Woolf intitulado *Um teto todo seu*, produzido em 1929, identifica elementos de contestação do *status quo*: i) ao rejeitar, por exemplo, a dicotomia entre masculino e feminino; ii) ao defender a necessidade de prover condições objetivas, como autonomia financeira, para o desenvolvimento de uma escrita feminina; e iii) ao negar a automática vinculação da mulher ao espaço doméstico.

O livro *Um teto todo seu* é fundamentado em conferências que a escritora realizou para plateias femininas um ano antes. Nessas palestras, o posicionamento de Woolf era crítico quanto ao lugar destinado tradicionalmente à mulher: circunscrito ao casamento, à procriação e ao cuidado com os filhos. Para a escritora, a ausência de protagonismo feminino na literatura e nas artes era resultado da produção de relações sociais que negavam à mulher condições para sua livre expressão. Assim, o livro enfatiza que, para escrever, a mulher precisa de condições objetivas, como um lugar apropriado para escrita e uma renda para que se dedique à atividade:

> Fazer fortuna e ter treze filhos. Nenhum ser humano suportaria isso. Examinemos os fatos, dissemos. Primeiro, são os nove meses, antes de o bebê nascer. Então o bebê nasce. Há então três ou quatro meses gastos na amamentação do bebê. Depois que o bebê é amamentado, há sem dúvida uns cinco anos gastos em brincadeiras com o bebê [...]. Se a sra. Seton, disse eu, tivesse empregado seu tempo ganhando dinheiro, que tipo de recordações você teria

tido de brincadeiras e brigas? [...], é igualmente inútil perguntar o que teria acontecido se a sra. Seton e sua mãe, e a mãe de sua mãe, tivessem acumulado uma grande riqueza e a tivessem depositado aos cuidados das fundações da faculdade e da biblioteca, porque, em primeiro lugar, lhes era impossível ganhar dinheiro e, em segundo, se tivesse sido possível, a lei lhes negava o direito de possuírem qualquer dinheiro ganho. Só nos últimos quarenta e oito anos é que a sra. Seton pôde ter algum centavo de seu. Em todos os séculos antes disso, o dinheiro teria sido propriedade do marido – um pensamento que talvez tenha contribuído para manter a sra. Seton e sua mãe fora da Bolsa de Valores. Cada centavo que eu ganhe, teriam dito elas, será retirado de mim e empregado de acordo com o critério de meu marido. (Woolf, 2014, p. 29-30)

Nesse trecho, observamos que os cuidados com os filhos são uma prerrogativa da vida feminina, mas não necessariamente por uma inclinação ou por uma condição inata. Não havia alternativa para a sra. Seton, porque, mesmo que pudesse ter outras opções, estas não existiam. O dinheiro não pertencia às mulheres, mas aos maridos, que o utilizavam da maneira que julgassem apropriada. A impossibilidade de gerir a vida material aparece, segundo a autora, como um impeditivo às escolhas das mulheres, pois apenas pela independência, que é também financeira, estas obteriam a liberdade para traçar seus próprios caminhos.

Ainda de acordo com Woolf (2014), o único impeditivo para um protagonismo feminino nas artes e na literatura era a ausência de condições para exercitar sua criatividade. A necessidade de ter um espaço próprio para escrever faz alusão direta à independência feminina e à sua liberdade de escolha. Já a ausência de rendimento tolheria essa autonomia.

Silva (2009) aponta para as similitudes entre o pensamento de Virginia Woolf e a filósofa francesa Simone de Beauvoir: para ambas, a independência feminina está vinculada à autonomia financeira. Para Beauvoir, é apenas ao ocupar seu lugar no processo produtivo que a mulher pode se inserir na vida social, eliminando as barreiras impostas pelo espaço doméstico. O trabalho, afirma a filósofa, rompe com a dependência do masculino, transformando a mulher em sujeito com direitos reconhecidos.

[2.1.2]
Simone de Beauvoir e as marcas impostas à mulher

É impossível falar em feminismo sem citar o nome de Simone de Beauvoir, uma referência, não apenas para feministas, mas para teóricos e pesquisadores das humanidades. A densidade de sua obra *O segundo sexo* propicia uma série de desdobramentos e leituras. Para este livro, apresentaremos um desses aspectos: a ideia de que o gênero é algo construído e não inato. Tal pressuposto nos permitirá dialogar, no Capítulo 4, com as desconstruções de gênero e do feminismo empreendidas por Judith Butler (2018).

Simone de Beauvoir nasceu em Paris em 1908, filha de uma família tradicional, mas decadente. Seu pai, Georges Bertrand de Beauvoir, era advogado e filho da aristocracia, já sua mãe, Françoise Brasseur, provinha de uma família burguesa. Os avós paternos de Simone faliram e a família, sem recursos, foi obrigada a mudar seu estilo de vida. No entanto, o pai da escritora investiu na educação das filhas, considerando que essa era a única forma de garantir seu futuro.

Desde cedo, Beauvoir se interessou pelos estudos, o que lhe garantiu desempenho de destaque em todas as instituições de ensino que frequentou. Estudou matemática no Instituto Católico de Paris e literatura no Sainte-Marie de Neuilly. Ao ingressar na Sorbonne para estudar filosofia, entrou em contato com um grupo de jovens intelectuais, cujos vínculos seriam marcantes em sua vida: Maurice Merleau-Ponty (1908-1961), Jean--Paul Sartre (1905-1980) e René Maheu (1905-1975).

Com Sartre, Simone de Beauvoir manteve um relacionamento afetivo livre até a morte do escritor, no início dos anos 1980. Ao não se casar, a escritora reforçou um dos pontos que a marcou durante sua trajetória: que a liberdade de escolha passava pelo questionamento às instituições conservadoras, como o matrimônio.

Ainda que sua obra *O segundo sexo*, publicada pela primeira vez em 1949, seja mais conhecida do grande público pela problematização da questão da mulher, Beauvoir também escreveu outros textos primorosos, como:

- *O sangue dos outros* (1944) – O segundo romance de Beauvoir reproduz o conflito existencialista vivido por Sartre: um burguês que abre mão de sua condição de nascimento para se unir à classe operária. O livro abre uma discussão profunda sobre a luta de classes e o engajamento político.
- *Os mandarins* (1954) – Obra que ganhou o Prêmio Goncourt de literatura francesa. Sua história se passa na França do

pós-guerra e aborda dilemas morais das personagens em um mundo polarizado politicamente entre direita e esquerda.

- *Memórias de uma moça bem-comportada* (1958) – Primeira parte da autobiografia da autora, trata de suas memórias de infância e juventude. Educada com valores rígidos religiosos, o livro descreve como se deu sua ruptura com alguns deles, bem como sua imersão no mundo da literatura.

Beauvoir integrou, juntamente com Sartre, o círculo de intelectuais do movimento existencialista*, o qual, a partir do pós-guerra, passou a enfatizar as liberdades individuais. Sua obra foi fundamental para dar ao existencialismo um caráter literário.

Simone de Beauvoir morreu aos 78 anos, em 1986, em decorrência de uma pneumonia. Sua obra permanece atual e é referência para diversos autores do feminismo.

Talvez uma das frases mais reproduzidas no feminismo seja "não se nasce mulher, torna-se mulher". Essa afirmação aponta para o fato de que não há nada natural em ser mulher, reconhecendo, portanto, a dimensão cultural imposta ao ser. Ao contrário do que sugere nosso senso comum, a mulher não pode ser determinada pelo sexo biológico, mas sim ser construída por determinados valores e características morais, sociais, econômicas etc. O pensamento de Beauvoir, como observou Butler (2018), abre "precedentes"

---

*   O existencialismo é uma corrente filosófica que surgiu ainda no século XIX e considera que a razão começa com o sujeito humano, e não apenas com o sujeito pensante. Ao enfocar as ações humanas e as experiências vividas, há também uma ênfase nas trajetórias e nas escolhas individuais.

para desvincular a identidade de gênero do sexo anatômico e, por conseguinte, pensar novas feminilidades e sexualidades.

Beauvoir (2009) postula que apenas o sexo feminino é "marcado", atrelando a mulher ao seu corpo e aos processos que ele encerra: a reprodução, a menstruação, o parto etc. A noção de marca tem uma proximidade com a ideia de *estigma* de Goffman (2004, p. 6), para o qual tal termo faz "referência a um atributo profundamente depreciativo, mas o que é preciso, na realidade, é uma linguagem de relações e não de atributos. Um atributo que estigmatiza alguém pode confirmar a normalidade de outrem".

Ainda que Goffman (2004) não estivesse falando necessariamente de feminismo, mas de marcas depreciativas impostas a determinados grupos sociais, consideramos que o conceito formulado por ele é estratégico para entender a desigualdade entre os sexos presentes na obra de Beauvoir. Se o feminino é o sexo marcado, não há marcas para o masculino, pois ele não está fixo aos seus atributos biológicos, mas os transcende. O sexo masculino carrega, então, o ideal de universalidade humana, ele é a pessoa universal.

Notamos que, conforme a autora, há uma clara relação de poder entre os sexos, na qual a mulher se encontra aprisionada ao universo doméstico em uma sociedade patriarcal. Como sinalizou Miguel (2017, p. 2), Beauvoir – e outras autoras que desencadearam a segunda onda do feminismo – incita uma reflexão crítica sobre a "construção do papel social da mulher e os limites impostos à sua autonomia". Tal questionamento passa pela construção das relações de poder fundadas em uma dominação masculina (patriarcal). As consequências do patriarcado são denunciadas por Simone de Beauvoir como que permeando todas as relações que colocam a mulher em um segundo plano. No entanto, como salienta Miguel (2017), o refinamento teórico do conceito de patriarcado ocorreria só algumas décadas depois com o desenvolvimento de uma teoria política feminista*.

Desse modo, para Beauvoir (2009), masculino e feminino são categorias contrapostas, mas desiguais: enquanto o masculino é o universal humano, a mulher é o "outro", aquele que se situa à margem. A construção da mulher como um "outro" tem implicações profundas na existência feminina, mantendo-a em estado de dependência e alienada de sua existência. O "outro", para Beauvoir, marca a posição da mulher como um **não sujeito**: ela não representa a si mesma, mas é como um espelho para o masculino. Como "outro", ela encarna dois papéis: o de forasteiro, intraduzível e indecifrável; ou o de objeto de desejo e inspiração (Adelman, 2016).

Segundo a pensadora, se engana quem considera que a mulher, enquanto fonte de inspiração masculina (na poesia, na música, nas artes plásticas), está numa posição privilegiada. A glorificação da mulher presente no discurso romântico masculino também é um meio de silenciá-la. A deferência não permite que elas sejam reconhecidas como iguais: aqui, novamente os homens projetam no outro feminino seus anseios, suas idealizações e seus desejos. A mulher idealizada não é tratada ou vista como igual, que também pensa e deseja.

---

*   O trabalho de Carole Pateman sobre a ideia de contrato social (*The Sexual Contract*, 1988) foi um dos estudos precursores da teoria política envolvendo o papel da mulher e a dominação feminina.

[2.2]
As transformações sociais dos anos 1960: a contrarrevolução

O movimento de contracultura iniciado nos anos 1960 nos Estados Unidos, mas também em outras partes do mundo, foi uma consequência do pós-guerra. A Segunda Guerra Mundial deixou marcas profundas em uma sociedade global, fragmentada entre duas formas antagônicas político-ideológicas: o comunismo e o capitalismo. O mundo ocidental passou por um período de "paz" (ausência de conflitos armados) duradouro, talvez pela primeira vez no século XX. No entanto, a chamada *Guerra Fria* acirrou as orientações políticas contrárias; no Ocidente, o temor do avanço comunista teve especial impacto nos países latino-americanos, marcados pela ascensão dos regimes militares.

Com o final da Segunda Guerra, emergiu um ideal de bem-estar social, expresso, por exemplo, na Declaração Universal dos Direitos Humanos (1948), que estabeleceu premissas fundamentais de igualdade e fraternidade. A esse respeito, Lévi-Strauss (2006) salienta os cuidados necessários ao estabelecimento dessa equação delicada entre igualdade e diversidade. Seu texto *Raça e história*, redigido para a Organização das Nações Unidas para a Educação, a Ciência e a Cultura (Unesco), ressaltou a necessidade de respeito às diferenças das minorias.

O contexto do pós-guerra foi profícuo para a ascensão de novos atores sociais, constituídos por grupos minoritários que denunciavam diferentes formas de exclusão e opressão. Essas vozes mostravam as contradições de uma sociedade que se pretendia mais inclusiva e humanista, mas que não conseguiu superar antigas formas de desigualdades. Não por acaso que o Partido dos Panteras Negras surgiu em 1966, como uma forma de resistência à discriminação da população negra. As ações iniciais dos Panteras Negras traduziram formas de luta e resistência: o grupo surgiu como uma "patrulha" de cidadãos, armados, para vigiar o comportamento policial nas comunidades negras. Desse modo, os Panteras Negras subvertiam a ordem, exercendo sobre o Estado, representado pela polícia, a mesma vigilância e intimidação às quais haviam sido historicamente submetidos.

As problematizações também se direcionavam aos modelos tradicionais de família e casamento. Nos Estados Unidos, o modelo de família fundamentado nos ideais da domesticidade feminina, no controle dos filhos e no protagonismo do homem como chefe de família era disseminado em programas de televisão e capas de revista. O *American Way of Life* se configurava na vida pacata dos subúrbios residenciais de classe média e na obediência às leis e aos costumes. Ao mesmo tempo, esse "novo" estilo de vida reforçava estereótipos e incentivava o consumo de objetos eletrônicos e eletrodomésticos produzidos pela indústria. Segundo Cunha (2017), o ideal de vida americano foi rapidamente difundido em termos materiais, com a aquisição de bens de consumo, e simbólicos, com a propagação massiva dos padrões estéticos e morais pelos meios de comunicação. Segundo o autor:

> O poder de um chefe de família, em seu terno, guiando seu automóvel modelo **rabo de peixe**, indo para o trabalho garantir a subsistência de seu lar. O poder da mulher, esposa e mãe, com

> a capacidade de organizar e de manter sua casa e seu núcleo familiar em perfeita ordem, contando para tal tarefa com inúmeros produtos e aparelhos eletrodomésticos, que permitiam seu uso ainda que vestisse **belas e elegantes saias armadas**. (Cunha, 2017, p. 79, grifo do original)

Tais estereótipos produziam arquétipos comportamentais e um ideal, geralmente intangível, de uma vida bem-sucedida. Tal modelo foi contestado ainda nos anos 1950 pela geração de sujeitos conhecida como *beat*. Os *beats* podem ser entendidos como uma ponte para o movimento da contracultura jovem que dominou o cenário cultural nas décadas seguintes. Avessos ao comodismo das classes médias, ridicularizavam os comportamentos padronizados e ressaltavam o desejo pelas aventuras e pela transposição de fronteiras, sejam elas geográficas, sejam morais. No entanto, como apontou Adelman (2016), o movimento *beat* foi essencialmente de contraposição masculina, no qual a imagem da mulher não raramente estava associada a elementos considerados opressores, como ao casamento, à família e à religião.

Nos anos 1950, surgiu uma cultura jovem que se contrapunha às gerações anteriores. O rompimento inicialmente foi espontâneo e causado, possivelmente, pelas transformações profundas que se sucederam no pós-guerra, porém se disseminou em diferentes esferas da vida social. As mudanças de comportamento estavam presentes na ruptura estética dos modos de falar e de se vestir, no advento de novas formas de entretenimento e no nascimento de um estilo musical próprio, o *rock'n'roll*.

O cinema também teve importância nesse processo de transformação: considerada a maior forma de entretenimento das massas do século XX, a indústria cinematográfica incorporou e criou formas novas de linguagem. No âmbito do comportamento feminino, o cinema, como apontou Adelman (2016), captou imagens que passaram a expressar os desejos e anseios femininos. As mulheres não estavam representadas apenas como "anjos do lar", mas também como "seres desejantes". Um dos ícones que rompeu com a imagem passiva do feminino no cinema foi Marilyn Monroe (1926-1962). Embora Marilyn tenha sido objeto de desejo masculino, suas personagens não remetem à sensualidade passiva. Ao contrário, nos filmes, suas personagens exerciam domínio sobre os homens, mas a sensualidade não as satanizava – na verdade, criava uma mulher elegante e divertida circulando em universos masculinos. Os papéis interpretados pela atriz escapavam do ideal romântico, passando longe dos atributos da maternidade e da domesticidade (Santos; Ferreira, 2013)*.

A consolidação da cultura jovem firmou a contracultura como:

> um momento de extraordinária contestação que se espalhou pelo globo, rompendo com a rigidez social e política da ordem da guerra fria e produzindo uma "desordem social" no **melhor** sentido do termo – desestabilizaram-se e não se respeitaram mais as fronteiras culturais, sociais, sexuais estabelecidas. (Adelman, 2016, p. 28, grifo do original)

---

* Tássio Santos e Maria de Fátima Ferreira (2013) analisaram sobretudo dois filmes da atriz: *Eles preferem as loiras* (1953) e *O pecado mora ao lado* (1955).

Essas transformações profundas e multidimensionais fizeram surgir novas subjetividades e identidades, tanto sociais quanto individuais.

Os movimentos sociais que figuraram a partir da década de 1960 eram plurais, envolvendo pautas diferenciadas que se articulavam em determinados momentos, mas tinham suas próprias "identidades". Os ideais e as formas de ação eram muito diferentes daqueles que caracterizaram a chamada *velha esquerda*. Em primeiro lugar, é preciso frisar que os protestos do período não eram tanto em nome de um proletariado explorado, mas sim de diferentes grupos sociais marginalizados. Em segundo, os protestos não tinham como finalidade a revolução para tomada do Estado, mas a procura de novas formas de organização e sociabilidade. E, possivelmente, o principal elemento: não se tratava de subjugar o individual em prol dos interesses coletivos, e sim de permitir a livre expressão das identidades individuais.

[2.3]
Movimentos sociais e feminismo

O movimento feminista da segunda onda está inserido no contexto mais amplo das mudanças culturais e comportamentais que caracterizaram as décadas de 1960 e 1970. A primeira onda foi uma luta por direitos legais: voto, propriedade, partilha igualitária dos bens em caso de divórcio e herança etc. Tratava-se, sobretudo, da inclusão feminina no campo político das instituições sociais. Na segunda onda, essas instituições foram questionadas: era necessário superá-las para ter outras possibilidades de existência.

Foi um momento de se opor à ordem social e cultural, negando instituições como a família e a religião, bem como os padrões morais que organizavam a sociedade do pós-guerra. Esse embate com a ordem estabelecida foi promovido por vários movimentos sociais, suscitando também o surgimento de novas concepções sobre gênero e identidade.

A frase da ativista feminista Carol Hanisch (1942-) – "O pessoal é político" – foi a marca do movimento feminista na segunda onda. Havia um questionamento contundente do papel atribuído à mulher na sociedade: se na primeira onda a reivindicação dos direitos políticos muitas vezes se dava mediante um discurso que reforçava a importância da mulher para a família, na segunda onda esse papel foi rechaçado. A condição feminina passou a ser rejeitada sob vários aspectos: os padrões de beleza foram contestados; a relação com o corpo e o livre exercício da sexualidade converteram-se em pautas de reivindicação; a posição da mulher dentro da família passou a ser questionada. Desse modo, temas antes circunscritos à intimidade (corpo, sexo, família) viraram alvo das pautas feministas. A política que se pretendia fabricar/praticar, nesse sentido, era a da superação de estruturas morais cristalizadas.

A questão da sexualidade passou a ser um tema basilar. Evidentemente, a chegada da pílula anticoncepcional no mercado teve grande influência no processo de liberação sexual feminina. As mulheres, que historicamente tiveram sua sexualidade presa aos processos naturais reprodutivos, puderam agora dissociar completamente concepção e prazer sexual. Ao mesmo tempo, nesse período, ganharam destaque os movimentos lésbicos e de gays, colocando a questão do desejo e das práticas sexuais no centro do debate.

Os anos 1960 abrigaram dois modelos de feminismo nos Estados Unidos: o liberal e o radical. A atuação do feminismo liberal percebia a situação desigual da mulher nas diferentes esferas da vida: nas condições de trabalho; na falta de representatividade na vida pública; no papel subordinado no seio do núcleo familiar; quanto aos direitos reprodutivos etc. Em 1966, foi criada a Organização Nacional para as Mulheres, tendo Betty Friedan (1921-2006) como uma de suas principais lideranças (Garcia, 2011).

Dentre as principais diferenças entre as feministas liberais e as radicais, destacamos que as primeiras procuravam igualdade de direito a partir das instituições estabelecidas, enquanto as segundas propunham promover uma mudança de consciência por meio da subversão da ordem dominante. O feminismo radical se aproximava da chamada *nova esquerda*, cujos ideais foram responsáveis pela disseminação de vários movimentos: antirracista, pacifista, estudantil, além do feminista (Garcia, 2011).

A emergência da nova esquerda, que estava menos centrada na questão da exploração dos meios de produção e mais nas dimensões da alienação promovidas por diferentes instrumentos, foi fundamental, como afirmou Adelman (2016), para a articulação dos diversos movimentos de contracultura. A nova esquerda foi palco de um espectro de movimentos libertários por conter propostas cujos fundamentos eram a mudança do cotidiano e a superação dos costumes. O movimento imediatamente atraiu uma parcela feminina que, sendo um grupo minoritário, também pretendia uma transformação na sociedade. No entanto, as militantes da nova esquerda não se identificaram inicialmente com o termo *feminista* por o ligarem às críticas feitas ao movimento sufragista, considerando-o, por isso, burguês e reformista (Garcia, 2011).

As mulheres integraram diversos movimentos da nova esquerda, mas perceberam que estes não haviam se desvencilhado do caráter masculinista, pois muitos acabavam por reproduzir o machismo. Ou seja, apesar da pretensão de ir de encontro ao *status quo*, frequentemente, e sem perceber, propagavam-no ao reiterar estereótipos de gênero:

> Embora as mulheres formassem uma "massa crítica" necessária para esses movimentos e participassem ativamente de todos seus momentos de maior desafio (organizando ações nos bairros e nos *campi*, expondo-se à violência nas manifestações etc.), a liderança continuava sendo basicamente masculina. Os porta-vozes dos movimentos quase sempre eram homens, enquanto as mulheres eram pressionadas a assumir funções secundárias de apoio e obrigadas a respeitar a tomada de decisões da liderança masculina. Quando davam voz às suas reivindicações, eram frequentemente sujeitas à humilhação das piadas ou ao menosprezo aberto. (Adelman, 2016, p. 64)

Segundo Adelman (2016), o principal fundamento da contracultura, a revolução sexual, não era propriamente feminista. Na verdade, as atitudes tomadas, por vezes, reforçavam antigos comportamentos masculinos, como a noção de que a mulher deveria estar sexualmente disponível. A questão do consentimento feminino não era considerada sinônimo da liberdade sexual, e foi preciso a organização de grupos autônomos de mulheres para debater tal questão.

Ao perceber que ocupavam um espaço subalterno nos movimentos de que participavam, as mulheres começaram a organizar grupos separados. Nesse contexto, surgiu o Movimento pela Libertação da Mulher, organizado de forma descentralizada, constituído por pequenas células autônomas, em cujas reuniões deliberava-se sobre assuntos de interesse coletivo. A cada encontro, as participantes levavam novos membros, acabando por gerar o surgimento de novos grupos. A estrutura dos grupos se destacava por ser igualitária e anti-hierárquica; para tanto, criavam-se mecanismos para inibir a formação de lideranças que se sobrepusessem às demais (Garcia, 2011).

Esses grupos de mulheres discutiam a opressão partindo das experiências relatadas por cada membro. Como mencionou Garcia (2011), o objetivo era entender os mais variados mecanismos da opressão feminina levando-se em conta experiências concretas, vividas e compartilhadas, a fim de se construir, assim, um conhecimento coletivo. Como os grupos eram descentralizados, cada um tinha singularidades, mas todos se conectavam por referências similares: i) a psicanálise, para articular a relação entre o falo e o desejo da dominação masculina; e ii) os estudos pós-coloniais, que se destacavam naquele momento, denunciando o pensamento eurocêntrico e o silenciamento do outro.

Paralelamente aos grupos de discussão, as ativistas do feminismo radical criaram centros de ajuda visando ao atendimento apropriado de mulheres, algumas vítimas de violência. Nesses centros, havia ainda serviços de cuidados médicos voltados ao corpo feminino, que proporcionaram às mulheres um maior entendimento sobre si mesmas.

Como já mencionamos, o controle sobre seu corpo e sobre sua sexualidade eram temas caros ao feminismo radical. Este se contrapunha aos padrões instituídos de feminilidade e suas representações sobre o belo e o sensual. Foi contra essas representações que ocorreu o primeiro ato organizado do feminismo radical: a queima de sutiãs durante o concurso Miss América, em 1968. A manifestação foi um protesto contra os padrões estereotipados de beleza, por isso, não apenas sutiãs como também maquiagens, cílios postiços e outros acessórios de beleza foram jogados na "lixeira da liberdade".

O feminismo radical se espalhou rapidamente para outros países do mundo, organizando movimentos de subversão. No campo do ativismo político, essa vertente permitiu a ampliação dos direitos sexuais e reprodutivos. O movimento na França resultou na legalização do aborto, até então considerado crime no país. Outra contribuição do feminismo radical foi postular a organização de grandes manifestações públicas como instrumento de ação política. Também foi significativa a contribuição teórica do movimento, com a qual se passou a questionar os padrões de gênero e de sexualidade, bem como sua relação com estruturas de poder normativas*.

O período de atuação do Movimento pela Libertação da Mulher não foi longo. Garcia (2011) considera que o feminismo radical

---

* Para maiores informações sobre as discussões de gênero e as estruturas normativas, ver Capítulos 4 e 5.

deixou sulcos profundos na sociedade, ainda que tenha operado entre 1970 e 1975. Segundo o autor, um dos motivos da rápida desmobilização do movimento estava associado à sua estrutura descentralizada, abrindo espaços para novas perspectivas e abordagens. A partir dos anos 1970, emergiram vários feminismos articulando diversas pautas. O lesbiano, por exemplo, tornou-se um movimento atuante não só em termos de ação política, mas também de produção teórica. Os feminismos passaram a entrecruzar outros temas, inserindo na discussão a questão da mulher negra, da trabalhadora, das experiências das imigrantes não brancas etc.

No início dos anos 1980, a questão da mulher entrou no cenário político internacional com a primeira conferência mundial, realizada na Cidade do México em 1975, que inaugurou a Década da Mulher na Organização das Nações Unidas (ONU), um ciclo depois encerrado em Nairóbi, no Quênia. Ao longo dessa década, foram debatidas várias questões ligadas aos direitos femininos, desde salário-maternidade até as implicações das guerras sobre a vida das mulheres. Foi um momento em que parte daquele ativismo descentralizado das décadas de 1960 e 1970 entrou no cenário político. Vale destacar que a década de 1980, apesar de tida como conservadora, não desarticulou a luta feminina por igualdade. No entanto, essa busca passou a se estabelecer mais visivelmente* no campo das políticas públicas e nas instituições nacionais e supranacionais oficiais.

[2.4]
O feminismo e o campo acadêmico

A construção do pensamento científico não é linear, uma vez que, ao longo do caminho, ocorrem rupturas de paradigma. Geralmente, essas mudanças se sucedem quando somos impelidos a buscar respostas para questões recentes, porém os antigos modelos de conhecimento perderam potencial elucidativo. Desse modo, em substituição aos predecessores, novos modelos de pensamento podem ser elaborados em função das constantes transformações sociais e culturais de um determinado contexto. Nesse sentido, a sociologia nasceu almejando compreender as alterações profundas decorrentes da Revolução Industrial. Enquanto isso, a teoria marxista surgiu como um modelo explicativo para a sociedade capitalista, cujos processos produtivos e relações de trabalho em nada se assemelhavam aos da sociedade agrária.

Com o pensamento científico dos anos 1960 não foi diferente; ele não escapou à superação de concepções diversas. Não se tratou

---

*　Desse modo, não estamos afirmando que o movimento feminista "morreu", ou que não tenha havido protestos e intervenções das mais variadas no espaço público. O que sugerimos é que o feminismo, justamente nesse período que marcou uma virada conservadora, ganhou maior visibilidade nos espaços oficiais de discussão e implantação de políticas públicas. No campo acadêmico, por exemplo, a década de 1980 foi um momento do desenvolvimento de trabalhos importantes de teoria social e estudos de gênero.

apenas de uma revolução dos costumes, que, como veremos, foi fundamental para essa busca de novas respostas, mas também se relacionou às transformações no cenário geopolítico mundial. No pós-guerra, o processo de independência das colônias europeias da África e da Ásia deu início aos chamados *estudos pós-coloniais*. Essa vertente denunciava os processos de construção de um pensamento eurocêntrico, no qual o outro não tinha voz, sendo uma mera projeção das representações feitas baseadas nos valores da sociedade do pesquisador. Edward Said foi um dos precursores desses estudos. Seu livro *Orientalismo: o Oriente como invenção do Ocidente* (2001) ilustra como o que chamamos de *Oriente* foi fabricado segundo determinados valores.

As questões raciais também ofereceram material para elaboração de teorias críticas étnico-raciais. Basta lembrar que, naquele período dos anos 1960, os estados do sul viviam sob o regime do *apartheid*. Ao mesmo tempo, as universidades formavam intelectuais negros que proporiam uma teoria engajada ao descortinar os elementos históricos, políticos e econômicos do racismo e das relações de poder.

Em termos de comportamento, antes a geração *beat* já havia se aproximado das filosofias orientais, buscando novos modos de exteriorizar ideias e sentimentos (Adelman, 2016). A procura pela superação das dicotomias (razão/emoção, corpo/espírito) que constituíram o pensamento ocidental foi um marco das teorias científicas e produções literárias do período.

Mas quebrar paradigmas não é um empreendimento fácil. Essa ampla corrente contracultural que se chamou de *estudos pós-modernos* sofre resistência até hoje no mundo acadêmico. Adotá-la significou procurar novas resoluções e romper com modelos teóricos que há muito se consolidaram no campo do conhecimento. Implicou também em questionar a produção de conhecimento como um campo de poder que é eurocêntrico. Não podemos esquecer que os movimentos de contracultura que se espalharam pelo Ocidente foram também movimentos estudantis. Havia, portanto, uma preocupação com a renovação da universidade, assumindo um papel crítico e de transformação social.

Segundo Adelman (2016), em meados da década de 1950, o ingresso das mulheres nos cursos universitários aumentou significativamente. Assim sendo, os anos 1950 e 1960 proporcionaram um aumento expressivo de teóricas que, como sujeitos sociais, passaram a focalizar a questão feminina, como o apagamento das mulheres na história.

Nesse momento, a antropologia foi alvo de duras críticas das feministas, sobretudo as relacionadas aos estudos de parentesco. Claude Lévi-Strauss (1908-2009), ao publicar *As estruturas elementares de parentesco*, em 1949, construiu um modelo teórico sobre a reciprocidade mediante alianças matrimoniais, baseadas na circulação de mulheres. O elemento central do modelo levistraussiano é a troca matrimonial, ou seja, as regras para legitimar o casamento entre grupos distintos. Segundo o autor, a troca só era possível devido ao princípio da proibição do incesto, no qual uma mulher é sempre proibida, levando os grupos a "trocarem" mulheres entre si. Na época em que escreveu seu livro, Lévi-Strauss afirmou que as mulheres são o bem de troca mais precioso de uma sociedade. A teoria do antropólogo foi, então, bastante criticada, tanto que, posteriormente, ele explicou que o importante seria a troca em si, como um princípio lógico, e que não se tratava de uma mercantilização de mulheres. As etnógrafas feministas, como Rosaldo (1995), problematizaram esse modelo teórico por julgá-lo universalizante. Para elas, mais do que procurar por universais lógicos seria compreender o papel concreto das mulheres em cada sociedade.

Outro autor alvo das críticas feministas foi Sigmund Freud (1856-1939), sobretudo seus argumentos sobre o complexo de castração constituinte da teoria da sexualidade. Segundo Rubin (1975), a castração para Freud consiste na tomada de consciência da menina de suas diferenças anatômicas, pois o órgão masculino tem um papel dominante. Para Freud, o complexo de castração sinaliza mais do que uma distinção anatômica entre os sexos: sua simbologia encarnaria o *status* privilegiado ocupado pelos homens no sistema social. Para Rubin (1975), a "inveja do pênis", nesse sentido, nada mais seria do que o desconforto da mulher vivendo em uma cultura fálica.

Ainda conforme Rubin (1975), os argumentos apresentados por Freud e Lévi-Strauss têm o mérito de identificar a opressão das mulheres no interior das estruturas sociais, no entanto, a autora indica aspectos problemáticos ligados a uma visão sexista da sociedade. No caso de Freud, a ideia da castração feminina e a "inveja do pênis" teriam sido utilizadas, muitas vezes, como um mecanismo para reforçar a repressão sexual feminina. Quanto a Lévi-Strauss, a crítica não está na questão da troca de mulheres, a qual, para Rubin, permite indicar como a opressão se instala dentro de uma ordem social: o problema estaria em associar a troca de mulheres a um elemento fundante da cultura.

Desse modo, as teorias feministas passaram a criticar a naturalização de categorias homem/mulher e masculino/feminino como universais e constitutivos da natureza humana. Com o avanço das discussões e o aumento da bibliografia especializada, foi atribuída maior ênfase aos processos de construção dos gêneros e das identidades sociais. Apesar do impacto da teoria feminista, e, posteriormente, dos estudos de gênero sobre alguns dos cânones das ciências sociais e da filosofia, os estudos de gênero ocuparam um lugar marginal no mundo acadêmico, como sugere Adelman (2016, p. 133, grifo do original):

> A disciplina [...] desenvolveu uma forma de incorporar a perspectiva de gênero por meio de uma série de mecanismos de "contenção" – principalmente a criação de "espaços próprios" nas subáreas e a incorporação do gênero não como uma dimensão que exige profundas reformulações dos conceitos sociológicos mais importantes (como poder, política, trabalho, racionalização, modernidade etc.), mas como uma mera **variável**, útil por exemplo para descrever os traços e caraterísticas de uma população em pesquisas empíricas.

Esse lugar periférico também nos adverte que as relações de poder não se expressam apenas no seio da sociedade, mas que são reproduzidas em larga escala na vida acadêmica e na construção do conhecimento.

Indicações culturais

Para complementar os estudos que apresentamos neste capítulo, trazemos a indicação do livro de Virginia Woolf, a fim de que você se familiarize com a obra da escritora. Sugerimos, também, dois filmes: *As horas*, cuja trama, sob a ótica das mulheres, tece alguns recortes biográficos sobre Virginia Woolf; e o documentário *Feministas: o que elas estavam pensando?*, que mostra uma análise do movimento feita por feministas da segunda onda com base em suas próprias memórias.

FEMINISTAS: o que elas estavam pensando? Direção: Johanna Demetrakas. EUA: Netflix, 2018. 96 min.

Partindo da "leitura" de um álbum de fotos tirado entre os anos 1960 e 1970, um grupo de mulheres que participaram da segunda onda feminista fala sobre sua história e suas perspectivas na época. Fica evidente que aquele foi um momento de descoberta sobre sua própria história, de compreensão sobre a relação com a família e de reconhecimento dos padrões sociais enfrentados. Em síntese, o filme se debruça sobre a questão do feminismo e as participantes do movimento em diferentes contextos.

AS HORAS. Direção: Stephen Daldry. EUA/Reino Unido: Paramount Pictures/Miramax Films, 2003. 114 min.

O filme estabelece um elo entre as histórias de três mulheres de gerações diferentes por meio da obra *Mrs. Dalloway*, de Virginia Woolf. A primeira das protagonistas é a própria Virginia, com suas angústias e o retrato da depressão que culminou em seu suicídio. Deslocando-se para os anos 1950, a trama apresenta Laura Brown, leitora do livro já citado, que encarna os ideais de dona de casa e suas angústias. Chegando até a atualidade, acompanhamos Clarissa Vaughn, uma editora de livros bem-sucedida que, ao dar uma festa em homenagem a um escritor premiado (com quem havia vivido um romance), descobre que ele está morrendo em decorrência da AIDS. Esse acontecimento leva a personagem a um mergulho em seu passado e em seus sentimentos.

WOOLF, V. **Profissões para mulheres e outros artigos feministas**. Tradução de Denise Bottmann. Porto Alegre: L&PM Pocket, 2012.

Essa coletânea de textos traz reflexões da romancista Virginia Woolf sobre o papel tradicionalmente atribuído à mulher. Por um lado, a autora inglesa questiona a figura do "anjo do lar": a mulher dócil, submissa e sempre prestativa às vontades do marido; por outro, assinala as dificuldades enfrentadas para a inserção profissional da mulher e sua realização fora do espaço doméstico.

Síntese

Neste capítulo, apresentamos um panorama geral sobre o renascimento do movimento feminista, que, após a conquista do direito ao voto, havia se diluído. Como vimos, havia restado poucos espaços para discutir os direitos da mulher e seu papel na sociedade, e o meio artístico e intelectual era um deles. Duas pensadoras, em particular, exerceram grande influência sobre o feminismo: Virginia Woolf e Simone de Beauvoir. A erudição e o poder argumentativo de ambas ensinaram que, se há desigualdade entre homens e mulheres, ela não é inata, mas consequência de uma sociedade centrada no homem.

O impacto provocado pelo pós-guerra na sociedade ocidental foi tão intenso que não poderíamos compreender o feminismo da segunda onda sem o colocar no contexto mais amplo dos acontecimentos. Nesse período, observou-se o ressurgimento dos ideais humanistas de igualdade e inclusão, ao mesmo tempo em que as sociedades pareciam não ser capazes de garantir os direitos fundamentais, como demonstra a existência, na época, de um *apartheid* nos estados do sul dos Estados Unidos. As mulheres também continuavam relegadas a um papel secundário na vida social. Ao mesmo tempo, surgia uma cultura jovem, um modo de ser e de se comportar que promovia uma ruptura com o das gerações anteriores. Os valores da esquerda também se transformaram. Em vez de centralizar sua ideologia na luta de classes, os alvos das críticas da esquerda eram outros: a alienação, a restrição de liberdades individuais e a manutenção dos valores tradicionais. Surgiu, com isso, uma nova esquerda.

Inicialmente, as mulheres aderiram aos movimentos de contracultura, mas não propriamente ao feminismo. No entanto, não demorou para reconhecerem que as mudanças reivindicadas por tais grupos ainda estavam centradas em um ideal masculinista, nos quais as mulheres eram coadjuvantes, sem terem espaço para fala. A solução encontrada foi fundar grupos autônomos, cujos encontros, marcados por regras anti-hierárquicas, produziam experiências compartilhadas.

A mobilização feminina não ficou restrita ao campo da ação política, pois nesse período se constituíram os primeiros grupos de estudos feministas. Tais grupos, é importante mencionar, nem sempre foram vistos com credibilidade no meio acadêmico, uma vez que, aliados às teorias do pós-colonialismo e aos estudos culturais, desafiavam um saber hegemônico. No caso particular dos estudos feministas, algumas das críticas feitas sinalizavam para a reprodução da ideologia masculinista na construção do conhecimento acadêmico. Para este livro, fizemos um recorte acerca das críticas desses estudos sobre o parentesco e a psicanálise, mas cabe frisar, nesse momento, que também contestaram teorias marxistas, da crítica literária, entre outras.

Atividades de autoavaliação

1] Os grupos de mulheres, típicos das feministas radicais, eram estruturados a partir de:
   a) uma estrutura igualitária, sem lideranças definidas.
   b) um modelo hierárquico centralizado nas mãos de uma presidente.
   c) um modelo partidário para dialogar com instâncias do governo.
   d) uma estrutura híbrida, sem lideranças, mas burocrática.
   e) um modelo personalista, fundamentado na indicação de novos membros.

2] Com base no que foi explanado neste capítulo, como podemos caracterizar o movimento *beat*?
   a) Emancipatório: procurava promover a igualdade de gênero por meio de ideais anarquistas.
   b) Libertário: estava pautado em um ideal libertário masculino, geralmente associando metaforicamente a mulher aos valores conservadores da sociedade.

c) Conservador: reproduzia quase todos os valores dominantes da sociedade, com exceção da procura por novas experiências pessoais.

d) Precursor: possibilitou a emergência de uma discussão política e social que conduziria ao nascimento da nova esquerda.

e) Autoritário: impunha aos adeptos um estilo de vida próprio como condição para pertencerem ao movimento organizado.

3] Sobre a concepção de Simone de Beauvoir acerca da condição feminina, é possível afirmar:

a) Considerava a mulher superior ao homem em intelecto.

b) Acreditava que a condição de mulher é socialmente imposta.

c) Valorizava os atributos biológicos como fonte da força feminina.

d) Defendia a valorização do trabalho doméstico e da mulher como anjo do lar.

e) Considerava que os atributos femininos eram responsáveis pela sua submissão.

4] Sobre o movimento das feministas liberais, assinale a alternativa correta:

a) Tratava-se de um movimento conservador que defendia os valores econômicos do capitalismo.

b) Expressava os interesses de segmentos burgueses, como a valorização do trabalho doméstico e da criação dos filhos.

c) Foi marcado por defender princípios racistas, já que era vedada a participação de mulheres negras e latinas.

d) Procurava espaços no campo institucional do debate político para aprovação de leis que garantissem direitos às mulheres.

e) Operava em campos paralelos de ação, excluindo qualquer possibilidade de diálogo com as esferas políticas da sociedade.

5] A respeito das críticas feitas pelas feministas aos estudos de parentesco, assinale a alternativa correta:

a) Entendiam que tais estudos não foram capazes de estabelecer uma identidade universal feminina.

b) Consideravam que tais estudos deveriam valorizar mais o período do matriarcado na história humana.

c) Criticavam o papel universalizante atribuído à mulher, que desconsiderava os contextos culturais locais.

d) Acreditavam que faltava uma aproximação maior com Freud e sua teoria da castração feminina.

e) Julgavam necessário denunciar a troca de mulheres como fundamento da sociedade patriarcal.

Atividades de aprendizagem

Questões para reflexão

1] Alicerçado nos apontamentos desse livro, elabore uma pequena análise sobre a afirmação: "O século XX foi o século das mulheres".

2] Leia atentamente o trecho a seguir:

> Se ao menos a senhora Seton, sua mãe e sua avó tivessem aprendido a grande arte de ganhar dinheiro e tivessem destinado o seu dinheiro, como fizeram os pais e os avôs delas, a criar bolsas para pesquisas ou palestras e prêmios e bolsas de estudos específicas para o uso de seu próprio sexo, nós poderíamos ter jantado decentemente uma ave e uma garrafa de vinho aqui em cima; poderíamos esperar, com confiança desmedida, viver uma vida agradável e honrada sob a proteção de uma dessas profissões prodigamente rentáveis. Nós poderíamos estar explorando ou escrevendo; divagando sobre os lugares mais veneráveis da terra; em contemplação, sentadas nos degraus do Pártenon ou chegando a um escritório às dez e voltando à vontade para casa às quatro e meia para escrever um pouco de poesia. (Woolf, 2014, p. 21)

Com base nesse excerto, escreva um pequeno texto sobre o papel da mulher segundo o pensamento de Virginia Woolf.

Atividade aplicada: prática

1] Procure três imagens divulgadas na internet sobre padrões de beleza feminino – com recortes temporais diferentes, concentrando-se nos padrões das décadas de 1950 e 1960 – e produza um texto descritivo sobre as relações de apropriação do corpo feminino encontradas nelas.

Classe social, gênero e questão racial: desigualdades sociais
[Capítulo 3]

Neste capítulo, mostraremos os vínculos entre o feminismo e as questões sociais criadas pelo mundo contemporâneo, em especial pelo capitalismo. Seria impensável não abordar nesta obra os diálogos instaurados entre as mulheres e o mundo do trabalho, já que a participação destas no sistema produtivo incidiu diretamente sobre o discurso feminista. Veremos, portanto, como a investigação do campo do trabalho permite compreender, conforme Biroli (2018), conexões relevantes, como: o espaço do trabalho e suas implicações no universo doméstico e nos cuidados com a família; a importância do trabalho para a construção de instâncias de participação política; e, também, as conexões entre gênero, trabalho, raça e classe social.

Conferiremos especial atenção à realidade trabalhista brasileira da primeira metade do século XX, objetivando analisar e, com isso, levar você ao entendimento de como a "função" da mulher se alterou em múltiplos momentos. Ao tratar do feminismo brasileiro, optamos aqui por enfatizar as lutas pela democratização do país e por expressão política, temas constitutivos do feminismo contemporâneo nacional.

Faremos ainda, neste capítulo, aproximações entre o feminismo e outras lutas por igualdade social. Assim, em um primeiro momento, favoreceremos o diálogo entre tal movimento e as teorias marxistas e as anarquistas. Em outro tópico, voltar-nos-emos, fundamentados no conceito de interseccionalidade, aos diálogos possíveis entre o feminismo e o movimento negro.

[3.1]
Capitalismo, patriarcado e sexualidade

> *Uma mulher educada dessa maneira não será uma mera decoração ou peso morto na economia do seu lar, mas uma valente e muito nobre colaboradora.*

> Aprigio Gonzaga (citado por Weinstein, 1995, p. 150)

Segundo Biroli (2018), a divisão sexual do trabalho é um elemento constitutivo da definição das identidades de gênero, pois diz respeito aos papéis e às expectativas relacionadas ao que é "ser homem" e ao que é "ser mulher". No entanto, mais do que separar as esferas de produção da sociedade entre público-homem e privado-mulher, as relações de gênero perpassam todas as dimensões da vida social, sendo o **trabalho** um *locus* privilegiado para compreendê-las.

As mudanças promovidas pela industrialização reestruturaram radicalmente as relações de trabalho. Antes desse processo, a sociedade era, em grande parte, organizada por meio de uma divisão sexual e complementar do trabalho, baseada na economia doméstica. Nesse tipo de economia, a produção é destinada ao consumo do grupo familiar e apenas o excedente é comercializado. Assim, na produção de subsistência, a estrutura familiar é um fator essencial: cada membro da família tem seu papel determinado por princípios como idade e sexo.

O trabalho etnográfico de Ellen Woortmann (1991) com comunidades pescadoras do Nordeste brasileiro nos auxilia a interpretar de que modo a organização das atividades é definida em economias domésticas. A lógica seguida para tal estudo era a da classificação dos espaços sociais como masculinos e femininos, uma separação espacial que era, antes, uma divisão de tarefas que se complementam. Nessa perspectiva, a casa é um espaço feminino, mas sua função não se restringe aos cuidados dos filhos. Outros espaços também são associados à mulher, onde ela desempenha atividades produtivas importantes para o sustento da família.

Ainda na primeira fase da Revolução Industrial, essa estrutura familiar foi transformada, gerando novos arranjos. Como afirmou Polanyi (1980), o trabalho, que juntamente com a terra era algo inalienável, converteu-se em mercadoria; e, com isso, as mulheres ingressaram no mercado. A indústria têxtil foi a que mais amplamente absorveu a mão de obra feminina – notadamente a manufatura têxtil já era uma atividade das mulheres no período pré-industrial. De modo paradoxal, as transformações que levaram as mulheres para o trabalho assalariado nas fábricas tornaram as atividades domésticas, como a confecção de roupas e artigos de higiene, desnecessárias ou obsoletas.

De acordo com Davis (2013), o ingresso da mulher como trabalhadora assalariada reduziu seu prestígio no contexto familiar. Contraditoriamente, quanto mais as mulheres ingressavam no modelo de produção fabril, mais o ideal de que "o lugar da mulher é em casa" se cristalizava. A diferença em relação ao período pré-industrial é que o trabalho feminino não era mais percebidos em termos de complementaridade:

> Atualmente, o lugar da mulher foi [sic] sempre em casa, mas durante a era pré-industrial a própria economia centrou-se em casa e nas imediações dos campos. Enquanto os homens lavravam a terra (muitas vezes ajudados pelas suas mulheres), as mulheres foram manufatureiras em produções fabris de roupas, velas, sabonetes e praticamente todas as outras necessidades da família. (Davis, 2013, p. 32)

O ingresso das mulheres na linha de produção ocorreu de forma geral, porém houve uma "contratação" significativamente maior nos países desenvolvidos. Saffioti (1981) considera que além dos aspectos econômicos, outros fatores interferiram nessa participação feminina, tais como elementos históricos, culturais e sociais. Apesar disso, em ambos os contextos,

> ela está impregnada do ranço machista e patriarcal que atribui à mulher precipuamente papéis domésticos, sobrecarregando-a com duplas jornadas de trabalho nos casos em que, por necessidade ou determinação própria, ela se insere no mundo das atividades econômicas remuneradas. A condição de operária é, pois, penalizada pela condição feminina, quer seja vivenciada nas nações pobres, quer seja vivida nos países ricos. (Saffioti, 1981, p. 153)

O ideal de feminilidade ligado ao espaço doméstico desvalorizava o trabalho remunerado feminino. Mencionamos esse aspecto no Capítulo 2, quando tratamos do ideal de domesticidade criado no início do século XX: havia uma exaltação da mulher como "dona de casa", atenta à educação dos filhos e aos cuidados com o marido. Segundo Biroli (2018), a continuidade da associação da mulher ao espaço doméstico e sua responsabilização pela execução de tarefas ligadas ao cuidado da família operaram historicamente como limitadores da participação feminina em outras esferas, sobretudo na agenda pública. Assim, fica evidente que, ao acionar uma série de símbolos que vinculam de forma naturalizada a mulher ao doméstico, a desigualdade entre homens e mulheres é reafirmada.

Barbara Weinstein (1995) analisa as categorias "mulher trabalhadora" e "dona de casa" na cidade de São Paulo, entre as décadas de 1910 e 1950, demonstrando como estas ganharam força na construção das identidades femininas. Segundo ela, lentamente, a categoria "mulher trabalhadora" foi adquirindo uma conotação negativa, remetendo ao trabalho não qualificado que "minava o poder de ganho dos homens" (Weinstein, 1995, p. 150) e desestruturava os laços familiares e conjugais. Ao mesmo tempo, a categoria "dona de casa" personificava o ideal de mulher: dedicada, recatada, zelosa pela higiene do lar e pelo preparo dos alimentos. Weinstein (1995), no entanto, aponta que esse olhar sobre as categorias era novo, lembrando-nos que – como afirmamos alguns parágrafos antes – a participação feminina (mulheres e crianças) na indústria têxtil foi bastante significativa entre 1890 e 1920. Saffioti (1979), ao comparar a representatividade feminina no mercado de trabalho ao longo do tempo, observou uma queda brusca: em 1872, as mulheres representavam 45,5% da mão de obra. Já em 1970, essa proporção caiu para 20%. Ainda que uma parcela significativa das mulheres adultas fosse solteira, era presumível que a maioria das casadas da "classe operária" já houvesse trabalhado em algum momento de suas vidas (Weinstein, 1995).

Weinstein (1995) considera que até o início do século XX havia uma visão compartilhada tanto entre as mulheres da classe operária quanto as da classe média de que deveriam trabalhar fora para contribuir com o orçamento familiar. Nessa época, existiam inclusive escolas de educação profissional femininas, que ensinavam técnicas como: costura, confecção de chapéus, de presilhas, artesanato etc. O trabalho feminino era classificado como semiprofissional (em relação à técnica) e secundário (em relação ao orçamento familiar), mas ainda assim valorizado. Na indústria têxtil, as mulheres que dominavam tecelagem aprendiam o ofício com muito custo, já que, antes da criação das escolas industriais, encontravam poucos operários dispostos a ensiná-las.

Paulatinamente, as escolas femininas modificaram a grade curricular dos cursos, enfatizando as atividades ligadas ao trabalho doméstico e aos cuidados com os filhos. Nas décadas de 1930-1940, o trabalho industrial foi representado como ofício eminentemente masculino, mesmo período em que o Governo Vargas viu como inspirador o modelo vocacional nazista, pois: "Louvava especialmente a estrita separação entre os sexos na educação vocacional alemã, tanto nos cursos quanto entre o pessoal docente, o qual produzia 'mulheres femininas e homens de verdade'" (Weinstein, 1995, p. 152).

Em 1935, a educação industrial para mulheres foi formalmente abolida das escolas técnicas e o trabalho destas passou a ser percebido como uma fase transitória, jamais uma condição constitutiva da identidade feminina. Por tal razão, a instrução vocacional feminina passou a ser parcial: se a "dona de casa" precisasse entrar no mercado de trabalho, seria apenas de forma passageira ou como um complemento à renda do marido. O ideal feminino da "dona de casa" tornou-se, assim, "concreto" nos segmentos urbanos.

É interessante notar que, a partir das décadas de 1940 e 1950, houve uma intensificação da oferta/criação de revistas voltadas às "donas de casa" e de cursos "femininos", sobretudo os promovidos pelo Serviço Social da Indústria (Sesi), cujo público provinha da classe operária e das classes médias baixas. No princípio dos anos 1950, foram lançados os chamados *Centros de Aprendizado Doméstico* e os *Cursos de Mãezinhas*, direcionados às meninas de até 14 anos. Assim, as mulheres, ainda muito jovens, aprendiam os ofícios do lar.

Figura 3.1 – Fotografia tirada em uma das aulas do Sesi destinadas ao público feminino

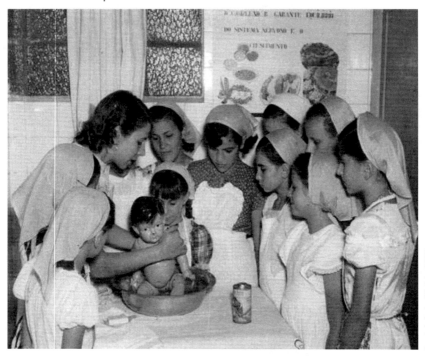

Portal da Indústria/SESI

A manutenção do lar exigia disciplina e a realização de uma multiplicidade de tarefas. Segundo Weinstein (1995), os centros com enfoque no aprendizado doméstico do Sesi cumpriam uma função contraditória: por um lado, ao seu modo, valorizavam o papel a ser desempenhado pela mulher como esposa e mãe; por outro, não reconheciam que essas mulheres também poderiam ter sido operárias. Ao contrário, a dedicação ao trabalho passou a ser diretamente relacionada à incapacidade do cumprimento adequado do trabalho doméstico e um limitador para a manutenção da harmonia familiar. A gestão da casa envolvia tarefas como: a limpeza, o cuidado com a educação dos filhos e o bom convívio com o marido, evitando brigas ou desentendimentos. Os casos de conflito, como o alcoolismo e a violência doméstica por parte do marido, passaram a ser associados à má gestão da casa.

A moral da domesticidade brasileira era semelhante à estadunidense, explorada nesta obra no capítulo anterior, mas sem o incentivo ao consumo dos eletrodomésticos, inacessíveis às classes baixas, principal público-alvo dos cursos de formação doméstica. As atividades do lar pareciam replicar um estilo de vida dos segmentos médios urbanos que as mulheres, em sua maioria advindas do operariado, podiam realizar apenas de forma parcial.

No tocante à relação entre trabalho assalariado e trabalho doméstico, Saffioti (1981) chamou atenção para diferenças cruciais entre os Estados Unidos e Brasil. Segundo ela, a maior inserção das mulheres estadunidenses no mercado de trabalho e sua permanência em segmentos formalizados da economia foram impulsionadas pelo desenvolvimento de uma indústria dedicada aos produtos domésticos, assim, o tempo gasto com a limpeza da casa e o preparo dos alimentos era consideravelmente menor. No caso brasileiro, o acesso a tais bens de consumo, embora desejados, era restrito, em alguns casos até mesmo para a classe média. Desse modo, o tempo desprendido para o trabalho doméstico era muito maior. Além disso, na sociedade estadunidense, sempre houve algum nível de envolvimento do homem com os afazeres domésticos, ao passo que, na brasileira, estes foram, até recentemente, de incumbência exclusivamente feminina. Os dados comparativos descritos por Saffioti (1981) mostram que, se a identificação da mulher ao doméstico indica uma desigualdade nas relações de gênero, foram e ainda são historicamente maiores no Brasil.

Ao observar a estrutura da divisão sexual do trabalho no cenário brasileiro, Biroli (2018) faz alguns apontamentos interessantes. No Brasil, após as conquistas de direitos obtidos progressivamente pelas mulheres, como: Capacidade Civil Plena* (1962), divórcio (Lei n. 6.515, de 26 de dezembro de 1977) e os direitos pautados no princípio de igualdade da Constituição Federal de 1988, estas ganharam maior espaço no mundo do trabalho e na esfera pública. Entretanto, essas relações permaneceram desiguais, e um dos motivos, segundo a autora, é justamente essa associação entre a esfera doméstica e o trabalho feminino de que estamos tratando neste ponto do capítulo (Biroli, 2018).

---

*   A Capacidade Civil Plena, reconhecida em 1962, também ficou conhecida como *Estatuto da Mulher Casada* (Lei n. 4.121, de 27 de agosto de 1962). Essa lei alterou o Código Civil de 1916, segundo o qual a mulher necessitava de autorização do marido para várias atividades, como trabalhar e receber herança.

A desigualdade nas relações de trabalho, para Biroli (2018), atualiza uma série de questões que articulam: as relações entre vida doméstica e vida pública; a qualificação desigual do trabalho entre homens e mulheres; e as diferenças sociais vinculadas aos critérios de raça e classe. No que tange ao trabalho doméstico, alguns pontos merecem destaque: primeiramente, trata-se de um trabalho marcado pelo signo da gratuidade. O desenvolvimento das atividades diárias (como cuidados com os filhos, com a limpeza da casa, com o preparo das refeições etc.), fundamental à reprodução cotidiana, é pouco valorizado, pois é visto como uma função a ser desempenhada por mulheres para o favorecimento dos homens. As mulheres brasileiras ainda dedicam atualmente o dobro do tempo às tarefas domésticas do que os homens, um investimento que reduz a participação igualitária em outros setores, como na política. Ao mesmo tempo, a pouca valorização do trabalho doméstico e sua centralidade para a reprodução do cotidiano não é, até os dias de hoje, um problema colocado em debate na agenda política (Biroli, 2018). Por quê? A resposta, para a autora, estaria na equação complexa entre as questões de gênero e a baixa representatividade das mulheres na política.

No entanto, ao pensar as desigualdades de gênero e sua dimensão no mundo do trabalho, é necessário considerar outras categorias de distinção social, como classe e raça. Segundo Biroli (2018), é preciso refletir, por exemplo, sobre a posição das mulheres negras – a maior proporção entre as trabalhadoras a exercer ocupação precária e, ao mesmo tempo, chefiar famílias de baixa renda. Para a autora, essas mulheres são as mais desvalorizadas e, muitas vezes, desempenham atividades associadas ao trabalho doméstico (faxineiras, diaristas, trabalhadoras de serviços gerais etc.). Assim, mesmo nos casos em que é remunerado, o trabalho doméstico, no Brasil, carrega o signo da gratuidade, trazendo implicações práticas para a regulamentação da atividade. Não foi à toa que a regulamentação do trabalho doméstico foi realizada apenas recentemente, em 2013.

Chamamos atenção, nesse ponto, para o fato de que as mulheres dos segmentos médios e altos (majoritariamente brancas) não raramente contratam empregadas para desempenhar os afazeres domésticos. Notamos que a questão da classe se sobrepõe à desvalorização desse trabalho. Assim, como veremos no decorrer deste capítulo, as desigualdades entre homens e mulheres devem abarcar outras dimensões tão presentes em nosso cotidiano, mas que geralmente não percebemos.

[3.2]
Feminismo, movimento sindical e socialismo

Embora as raízes filosóficas do feminismo estejam ligadas ao pensamento humanista e aos seus ideais de igualdade e liberdade; o feminismo, como movimento político organizado, está fortemente atrelado à sociedade industrial e ao capitalismo. Ao incorporar a massa de trabalhadores na produção industrial, as mulheres passaram a enfrentar uma dupla desvalorização: a salarial, já que o valor pago pelo trabalho feminino e infantil era metade do valor pago aos homens; e moral, já que foi produzindo aos poucos uma idealização da mulher como dona de casa, pautada no estilo de vida das classes médias.

As mulheres, no começo da Revolução Industrial, trabalhavam em média de 12 a 14 horas por dia e ganhavam menos que os homens, em alguns casos, apenas 1/3 da remuneração deles. Elas, assim como as crianças, eram consideradas trabalhadores de segunda ordem: menos especializadas e com menores chances de alcançar os cargos "mais prestigiados" da linha de produção. Segundo Blay (2001), havia um entendimento de que o salário da mulher complementava o masculino, motivo pelo qual, apesar da luta política por direitos trabalhistas, a pauta de equidade salarial foi relativamente recente, tendo seu início apenas da década de 1960.

Em meados do século XIX e nas primeiras décadas do século XX, o movimento trabalhista contou com amplo engajamento das mulheres. Segundo Angela Davis (2013), os princípios socialistas[*], adotados largamente na época para a mobilização da classe operária, possibilitavam às mulheres uma reflexão sobre sua posição

---

[*]	O socialismo constitui um conjunto de teorias que surgiu no século XVIII em resposta às profundas transformações ocorridas durante a Revolução Industrial, dentre as quais: o rápido crescimento urbano, a proliferação de moradias insalubres e o surgimento da classe proletária. As péssimas condições trabalhistas conduziram a elaboração de ideias de igualdade social e distribuição das riquezas. As ideias socialistas foram adotadas pela classe operária na sua luta por melhores condições de trabalho. O socialismo se divide em duas correntes principais: o socialismo utópico e o socialismo científico. Em linhas gerais, o socialismo utópico idealizava uma sociedade com princípios igualitários, a qual seria atingida por meio da conscientização da sociedade. Já o socialismo científico, delineado, sobretudo, por Marx e Engels, enfatizava que a luta de classes estava baseada nas condições materiais de existência e que a sociedade socialista somente seria alcançada com a mobilização e a luta das classes operárias (Bertucci, 2010).

desvantajosa na sociedade. Do socialismo utópico surgiram as reflexões críticas sobre as instituições familiares e os princípios morais do casamento. O matrimônio era um ponto sensível para as feministas inspiradas nessa vertente, considerado uma instituição especialmente desvantajosa para as mulheres, pois favorecia o controle masculino. Já o feminismo voltado ao socialismo científico e aos princípios do marxismo teve grande adesão por parte da classe operária, lançando questões dedicadas à mobilização prática com o objetivo de transformar os estratos econômico, político e social (Garcia, 2011).

Figuras 3.2 – Trabalho feminino na produção fabril no início do século XX

Nessa época, a articulação das mulheres na luta sindical se aproximou da causa sufragista. Como estudamos no Capítulo 1, inicialmente o sufrágio não era uma reivindicação propriamente operária, no entanto, com a progressiva organização da militância sindical, a luta pelo voto passou a ser vista como estratégica para a obtenção de maior representatividade política (Davis, 2013).

Os trabalhadores protestavam por meio de greves organizadas por melhores salários e redução da jornada de trabalho. Essa era uma luta coletiva e, por esse motivo, havia uma compreensão disseminada de que a causa socialista deveria ser maior do que as pautas feministas. O movimento feminista, ainda nascente, era percebido, dentro da organização operária, como egoísta, pois dividia as pautas das reivindicações entre questões tidas como "menos importantes". Assim, se manifestou Clara Zetkin (1857-1933), ativista alemã que propôs, em 1910, durante a II Internacional Socialista, a criação do Dia Internacional da Mulher: "nenhuma agitação especificamente feminista senão agitação socialista entre mulheres. Não devemos pôr em primeiro plano os interesses mais mesquinhos do mundo da mulher: nossa tarefa é a conquista da mulher proletária para a luta de classes" (Zetkin, 1976, citado por Abreu, 2019, p. 341).

Urge aqui também desconstruir as várias imagens romantizadas que circulam em nosso cotidiano acerca da criação do Dia Internacional da Mulher, em 8 de março. Uma parcela considerável da população em diferentes países não vincula a data ao feminismo, concebendo-a como uma homenagem ao feminino: entrega de flores às mulheres no trabalho, compra de presentes para as mulheres, muitas vezes artigos de beleza etc. Outra parcela acredita que a data foi escolhida em homenagem a um grupo de operárias nova-iorquinas as quais teriam morrido em um incêndio, supostamente provocado em retaliação a uma greve. O trágico evento teria ocorrido na fábrica de camisas Triangle Shirtwaist, em 1857. Essa versão do "mito" foi especialmente difundida na América do Sul. Os fatos em questão são desconstruídos pelo trabalho da professora Eva A. Blay (2001), lançando, com isso, uma luz sobre a relação entre o trabalho operário feminino e o movimento sindical.

Blay (2001), ao fazer uma retrospectiva cronológica dos fatos, demonstra que, embora o incêndio na Triangle Shirtwaist Factory tenha ficado no imaginário coletivo, o Dia Internacional da Mulher já se anunciava antes, com as ativistas europeias e estadunidenses. Na verdade, o incêndio sequer ocorreu em 1857, mas em 1911, um ano depois da proposta de Clara Zetkin. Nos Estados Unidos, a maioria dos trabalhadores da indústria têxtil era formada por homens e mulheres de origem judia, além de imigrantes italianos. Esses operários já tinham uma ampla experiência na organização dos movimentos trabalhistas, impulsionando a criação de organizações sindicais. Uma dessas organizações era formada apenas por mulheres: *Women's Trade Union League*, criada em 1903. Em 1908, as mulheres socialistas fizeram uma grande manifestação em fevereiro, a qual denominaram *Dia da Mulher*, que seria repetida no ano seguinte. As mulheres, como vimos, lutavam por melhores condições de trabalho e salário de maneira articulada com outros grupos sindicais. Assim, a mobilização não era tanto por direitos das mulheres, mas por melhoria de condições para os trabalhadores.

Na primeira década do século XX, os trabalhadores estadunidenses da indústria têxtil tiveram perdas salariais, provocando, em resposta, paralisações em diferentes partes do país. Como forma de conter as greves, as fábricas adotaram como estratégia trancar as portas e limitar inclusive as idas ao banheiro. Uma das maiores paralisações dos trabalhadores estadunidenses da indústria têxtil ocorreu em 1910, quando 15 mil trabalhadores interromperam as atividades durante 13 semanas. A adesão feminina ao movimento foi fundamental. Nessa época, as companhias fizeram algumas concessões, desmobilizando a greve aos poucos, no entanto, na prática, não houve grandes mudanças nas condições de trabalho. No ano seguinte, na manhã de 25 de março, um curto-circuito incendiou o prédio onde a Triangle Shirtwaist Factory estava localizada. Como as portas da fábrica estavam trancadas, muitas pessoas não conseguiram sair. Ao todo foram 146 mortes: 125 mulheres e 21 homens. O incêndio gerou grande comoção e atualmente há uma placa em memória de suas vítimas no local.

Assim, é possível compreender que o dia 8 de março não foi criado na data do incêndio ocorrido na Triangle Shirtwaist Factory, este tampouco foi uma retaliação aos protestos. No entanto, o incêndio evidencia as condições de trabalho precárias às quais homens e mulheres estavam submetidos. O fato de a maioria das mortes ter sido de mulheres e haver na época uma forte mobilização feminina para obtenção de direitos trabalhistas favoreceu a associação do acidente ao Dia Internacional da Mulher. A greve deflagrada um ano antes foi sobreposta no imaginário coletivo ao evento, criando uma narrativa forte para relacioná-lo diretamente ao Oito de Março:

> Na década de 60, o 8 de Março foi sendo constantemente escolhido como o dia comemorativo da mulher e se consagrou nas décadas seguintes. Certamente esta escolha não ocorreu em consequência do incêndio na Triangle, embora este fato tenha se somado à sucessão de enormes problemas das trabalhadoras em seus locais de trabalho, na vida sindical e nas perseguições decorrentes de justas reivindicações. (Blay, 2001, p. 605)

É significativo que, apesar de proposições para a criação de um dia da mulher, ele tenha sido instituído apenas na década de 1960, momento em que se consolidou a segunda onda feminista. Nesse período é que a pauta para o reconhecimento da igualdade entre homens e mulheres foi discutida de forma mais ampla, tanto no que diz respeito à igualdade salarial quanto nos aspectos relacionados aos costumes (casamento, direito reprodutivo, liberdade sexual etc.).

Maria Lacerda de Moura (1887-1945) e o anarquismo

Os ideais de liberdade anarquistas atraíram a simpatia de um movimento feminista ainda incipiente. Muitas mulheres encontraram na filosofia anarquista princípios de igualdade entre os sexos e maior liberdade nas uniões afetivas, características almejadas pelas "mulheres livres". Para essas mulheres, ao contrário das sufragistas, o voto não era a questão central. Também diferentemente do feminismo operário, viam com receio a regulação dos corpos mediada pela educação (Garcia, 2011).

Muitas anarquistas do final do século XIX e início do século XX haviam se aproximado do feminismo por meio dos movimentos operários de mulheres, por melhores condições de trabalho e salários. No entanto, o caráter libertário do anarquismo proporcionou outros questionamentos sobre as liberdades individuais, como o controle das mulheres sobre seus corpos e a busca pelo prazer. Ambos requeriam o controle contraceptivo e a procura por expressões de amor fora do matrimônio.

O casamento era uma pauta importante para o feminismo anarquista. Despontavam reflexões sobre o papel da mulher dentro do matrimônio. Não é difícil encontrar nessas ideias uma proximidade com o feminismo da segunda onda.

Uma dessas mulheres que contestou os costumes conservadores da sociedade foi a brasileira Maria Lacerda de Moura (1887-1945), uma livre pensadora que criticou até mesmo os movimentos dos quais participou: o movimento feminista do sufrágio, por não olhar para as mulheres negras e pobres; o comunismo, pela sua estrutura demasiadamente rígida e hierárquica; e o próprio anarquismo, por negar a esfera política mesmo quando houve ganhos para as mulheres no campo das políticas públicas.

Maria Lacerda de Moura escreveu sobre diversos temas: criticou o fascismo; abordou a função revolucionária da educação; apontou o modo pelo qual as feministas burguesas reproduziam a exploração sobre as mulheres, exercendo uma dominação de raça e de classe. No entanto, os textos mais marcantes de Maria Lacerda de Moura são aqueles em que ela fala sobre a sexualidade feminina. Ela foi a primeira escritora a discutir abertamente sobre tal tema e a busca pelo prazer. Segundo ela, o casamento é uma instituição opressora, assim como o imperativo da maternidade. Sobre esse tema, Lacerda publicou uma série de textos, a saber: *A mulher é uma degenerada?* (1924), *Religião do amor e da beleza* (1926), *Han Ryner e o amor plural* (1928) e *Amai e não vos multipliqueis* (1932).

[3.2.1]
Exploração do trabalho feminino

A teoria marxista fornece uma ampla possibilidade de pensar a mulher e sua posição desigual dentro da sociedade. Uma relação mais imediata é com as condições de trabalho e salário às quais elas estavam submetidas durante parte do capitalismo industrial. No início da Revolução Industrial, apesar de trabalharem tanto quanto os homens, o salário era menor e a mão de obra feminina, embora necessária ao processo fabril e à composição da renda familiar, era desvalorizada. No entanto, o feminismo socialista dos séculos XIX e início do século XX não considerava outras dimensões menos evidentes da exploração do trabalho feminino, como o âmbito doméstico. O marxismo e a construção da crítica sobre a exploração produzida pelo **capital** também não focalizaram a pergunta: Como se dá a exploração capitalista em outros âmbitos, como o citado?

Segundo Rubin (1975), embora Marx nunca tenha dedicado um texto à opressão feminina, a teoria marxista foi amplamente utilizada pela teoria feminista. Os textos de Marx permitem várias aproximações com as desigualdades de gênero: é possível falar em mão de obra de reserva e em mais-valia extra, já que as mulheres ganham menos. Em relação à estrutura do capitalismo, é até mesmo possível falar em demanda gerada pela produção de um mercado de consumo voltado ao público feminino (artigos de beleza, eletrodomésticos, vestuário etc.).

No entanto, é no próprio conceito de mais-valia, fundamental ao entendimento do processo de produção do capital, que podemos entender a lógica da opressão feminina. Vamos sintetizar a explicação conferida por Rubin (1975) para compreender melhor essa conexão: para Marx, o objetivo do capitalismo é expandir o capital e a mais-valia é o modo pelo qual isso é possível. O capital consiste, basicamente, em transformar "coisas" diversas em dinheiro e transformar pessoas em "coisas". As pessoas são "coisificadas", quer dizer, tomadas como objetos, porque seu trabalho é comprado por dinheiro para transformar outras "coisas" em capital, ou seja, em mais dinheiro. Considere:

> a força de trabalho não foi sempre uma mercadoria, o trabalho não foi sempre trabalho assalariado, isto é, trabalho livre. [...] Mas o trabalhador livre se vende a si mesmo e, ademais, vende-se em partes. Leiloa 8, 10, 12,15 horas de sua vida, dia após dia [...] ao proprietário de matérias primas, instrumentos de trabalho e meios de vida, isto é, o capitalista. (Marx, citado por Oliveira; Barbosa; Quintaneiro, 2001, p. 87)

Nessa equação, o excedente, que é a mais-valia, é o lucro do capitalista. O dinheiro pago ao trabalhador é o salário, calculado não como base no lucro obtido com a mais-valia, mas a partir dos gastos necessários para mantê-lo. É preciso uma quantidade de mercadorias para a subsistência do trabalhador, porém, há uma dimensão, normalmente ignorada pelos marxistas, também essencial para manutenção da vida: o trabalho doméstico. A reprodução da vida social depende de uma série de atividades tradicionalmente exercidas por mulheres: preparo dos alimentos, roupas limpas, camas feitas, filhos cuidados. O trabalho doméstico entra como um componente fundamental para a reprodução do capital, no entanto, não é remunerado, atuando como um elemento da mais-valia. Segundo Rubin (1975), a exploração do trabalho feminino, fabril ou doméstico, contribui para manutenção do capital, porém ela não é a causa, mas o efeito da dominação feminina. Há que se perguntar, conforme Biroli (2018), por que, apesar de sua centralidade, o trabalho doméstico não é reconhecido como uma dimensão essencial da existência; e por que ainda nos dias de hoje não há na agenda pública brasileira um debate sério sobre sua gratuidade.

Em 1844, Engels publicou o livro *A origem da família, da propriedade privada e do Estado*, no qual se propôs a explicar as causas da subordinação feminina. Ao seu ver, a origem da subordinação feminina não é biológica, mas referente à origem da propriedade privada e a sua exclusão da esfera de produção. As proposições de Engels tiveram grande impacto sobre o pensamento feminista: para Simone de Beauvoir, a exclusão da mulher não era tanto relacionada à participação na vida política, mas a sua exclusão na vida econômica. Como mencionado no Capítulo 2, Beauvoir entendia que a identidade atribuída à mulher como dona de casa era um dos elementos de sua subordinação, pois, restrita à esfera doméstica, ficava impedida de participar plenamente da vida pública.

Os ideais marxistas propiciaram uma rápida aproximação entre os conceitos de classe e de mulher. Quer dizer, a mulher passou a ser pensada como esse sujeito coletivo marcado pela opressão masculina. Notamos que, na medida em que a categoria *mulher* como sujeito universal do feminismo se dissolve, também se distancia o diálogo com o marxismo e com os temas dele derivados, a saber: a relação entre a mulher e o mundo do trabalho, as implicações do trabalho doméstico e as relações entre feminismo e exploração de classe.

A partir dos anos 1980, a questão das múltiplas identidades femininas ganhou força nos estudos feministas, expandindo os campos possíveis de interlocução teórica. A temática não era tanto as correlações entre a mulher e a exploração de uma sociedade patriarcal, mas, sobretudo, na constituição de múltiplas identidades do feminismo, que deveriam considerar diferentes posições sociais e perspectivas culturais. Há, com a emergência dos estudos de gênero, uma ênfase na construção das identidades e no controle normativo das sexualidades (Capítulo 4). No entanto, para autores como Biroli (2018), os aspectos de raça e classe continuam absolutamente centrais para a compreensão das desigualdades de gênero.

[3.3]
Feminismo e movimento negro

No documentário *Panteras Negras: vanguarda da revolução* (2015), percebemos como o movimento político negro atraiu jovens, homens e mulheres de todo os Estados Unidos. O movimento unificou um modo de pensar e de se perceber como negro, sem considerar os mecanismos de opressão produzidos pela sociedade estadunidense. Ao contrário, o surgimento do Partido dos Panteras Negras surgiu em resposta a uma sobreposição de opressões historicamente construídas, separando socialmente negros e brancos. O movimento negro deflagrado pela ação dos Panteras Negras não foi apenas político, fez emergir uma cultura afro-americana presente na estética, um traço marcante, e nos comportamentos: os cabelos *black power*, a vestimenta, os adereços etc., tudo valorizava a beleza negra e o orgulho de ser negro.

Nesse documentário, podemos identificar que o Partido dos Panteras Negras, no auge do movimento, obteve sucesso em estruturar uma rede de ajuda mútua para a comunidade negra, implantando programas de base comunitária. Um desses programas que recebeu grande destaque foi a criação dos refeitórios para servir cafés da manhã às crianças que, não raramente, apresentavam déficit de aprendizado devido à ausência dessa refeição em casa. Apesar de colocar o racismo como um tema visível para toda a sociedade estadunidense, as ações do partido não estavam desvinculadas da manutenção de preconceitos de gênero. Nesse mesmo documentário, mulheres que militaram entre os Panteras Negras relataram que, apesar de ter havido alistamento feminino em massa para o partido, elas tinham pouca voz no interior de sua estrutura. Muitas viram suas funções serem resumidas ao preparo dos cafés da manhã comunitários e ao trabalho de secretariado.

Quer dizer, embora a adesão feminina tenha sido fundamental para o rápido crescimento do Partido dos Panteras Negras e do seu fortalecimento, contraditoriamente, as mulheres não ocupavam cargos de comando e não tinham lugar de fala para propor ações. A posição ocupada por elas exemplifica a dupla opressão sofrida pelas mulheres nas comunidades: a opressão de raça e a opressão de classe. Essa sobreposição entre sexo e raça nos permite compreender melhor o conceito de interseccionalidade, amplamente utilizado pelo feminismo negro, tanto na esfera da ação política quanto no campo acadêmico.

O conceito torna possível articular uma multiplicidade de diferenciações que, associadas ao gênero, possibilitam entender os aspectos pluridimensionais das relações sociais. A primeira vez que a palavra *interseccionalidade* foi utilizada para compreender o entrelaçamento de diferentes marcadores sociais de diferença (raça, classe, gênero) foi em 1989, pela teórica Kimberlé Crenshaw. No entanto, embora o termo não existisse, suas características já eram percebidas e vivenciadas pelas mulheres negras ao longo da história.

O famoso discurso de Sojourner Truth em 1851 já trazia uma percepção interseccional da sua posição. Ela falava duplamente alicerçada em uma postura antiescravista e em favor dos direitos das mulheres. Talvez por isso o discurso de Truth seja tão potente e avassalador. Feito de improviso, ela coloca questões atuais e caras à teoria feminista: i) seu lugar de fala é marcado, de forma indissociável, pelo entrelaçamento da sua posição de mulher e ex-escrava; ii) ao se comparar com as outras mulheres consideradas frágeis, deixou claro que as representações sobre as mulheres e a realidade por elas vividas não são as mesmas, entendendo, assim, que tais imagens adquirem contornos distintos conforme a posição social de cada sujeito; iii) ao questionar se ela não seria uma mulher por não ter sido tratada de acordo com os parâmetros de fragilidade atribuídos às mulheres, também pôs em foco as representações universalizantes sobre o feminino (Henning, 2015).

A abordagem interseccional também estava presente no ativismo dos anos 1960 e 1970. Como abordamos há pouco, na percepção das integrantes do Partido dos Panteras Negras, apesar de sua luta racial ser comtemplada pelo movimento, sua condição de gênero não era. As ativistas negras estavam divididas, pois o movimento feminista, baseado na ideia de que as mulheres partilhavam a opressão masculina, não contemplava suas experiências. Elas acabavam tendo de optar entre o ativismo racial ou feminista, mas sua experiência era de raça e de gênero. Não restava opção a não ser criar espaços próprios para suas demandas específicas. Segundo Henning (2015), havia ainda outros coletivos não contemplados, como os movimentos lésbicos e lésbicos negros. Ou seja, ao fazer a "arqueologia" desses movimentos, percebemos não só uma grande variedade, mas também intersecções entre marcas de diferenças.

De modo geral, os trabalhos sobre interseccionalidade apresentam duas abordagens possíveis: i) reforçar certos marcadores de diferença de maneira equitativa, como gênero, raça e classe; e ii) fazer um dos marcadores se sobrepor aos demais. Em ambos os casos, cada um dos marcadores acionados deve manter uma autonomia em relação aos demais, apontando para diferentes esferas de construção das relações sociais. Outro ponto fundamental do conceito de interseccionalidade é a possibilidade de explorar universos sociais devido a sua relativa plasticidade. Assim, o conceito não se constitui em uma dimensão fechada, adaptando-se às realidades sociais.

No Brasil, por exemplo, partindo de uma abordagem interseccional, é possível fazer o uso da categoria "branquitude" para destacar a necessidade de marcar uma oposição em relação aos negros. A "branquitude" oportuniza analisar como em determinados processos homens e mulheres "privilegiados" são criados para manter uma posição diferenciada na sociedade e, assim, reproduzir o racismo e o machismo. A "branquitude" faz sentido em uma sociedade que recria constantemente a desigualdade, mas assume uma aparência de democracia racial. Por esse motivo, o movimento negro, ao levantar temas relacionados à "negritude", incomoda tanto os segmentos dominantes da sociedade: fala-se em racismo reverso ou acirramento do racismo promovido pelo movimento negro etc.

Os coletivos negros feministas brasileiros desde a década de 1980 vêm se organizando em termos da interseccionalidade. Houve um entendimento de que a condição da mulher negra não estava dissociada das variantes raciais, responsáveis pela produção de violências simbólicas, políticas e físicas. Um dos primeiros coletivos negros foi o Movimento Negro Unificado (MNU), cujas propostas foram inspiradas pelos textos de Angela Davis.

Durante sua última visita ao Brasil, em 2017, a ativista falou sobre o protagonismo do movimento negro feminista brasileiro e sua atuação em questões envolvendo a discriminação racial no Brasil. Dentre as atuações desses coletivos, a estadunidense destacou a mobilização contra o sistema carcerário, o apoio à luta das empregadas domésticas e as associações firmadas entre movimentos negros e indígenas. Segundo Davis, muito antes do surgimento do conceito de interseccionalidade, ativistas como Lélia Gonzalez, cofundadora do MNU, já havia, na prática, feito conexões entre raça, sexo e gênero.

[3.4]
Feminismo e participação política no Brasil

Optamos por fazer um recorte temporal para abordar como se deu o movimento de mulheres e o movimento feminista entre o período da ditadura militar e o começo da anistia política. Consideramos esse um momento interessante, pois acentua diferenças fundamentais entre o Brasil e o movimento feminista dos Estados Unidos e da Europa. Para compreender melhor as características peculiares do feminismo brasileiro nesse período, é preciso, primeiro, contextualizar brevemente o complexo cenário político do país.

No início dos anos 1960, o Brasil vivia uma polarização política: de um lado, os políticos liberais apoiados pelas frentes mais conservadoras representadas pela União Democrática Nacional (UDN); de outro, a esquerda, composta pelo Partido Trabalhista Brasileiro (PTB) e pelos partidos comunistas e socialistas que, na época, eram ilegais. Também integravam a esquerda os intelectuais, estudantes, parte da Igreja Católica e outros grupos com perfil mais progressista (Pinto, 2003). Com o golpe militar de 1964, o jogo de forças políticas mudou e, à medida que o regime militar se consolidava, a atuação da esquerda cambiava mais para a clandestinidade.

Quando falamos em atuação da esquerda, envolvemos um espectro amplo de ações políticas. O que nos interessa no momento são aquelas voltadas ao combate às desigualdades sociais, como os movimentos camponeses, que lutavam pela reforma agrária; e os movimentos populares de bairro, que reivindicavam direitos de cidadania hoje considerados básicos. Por esse motivo, pouco se falava em direito das mulheres, como a liberdade sexual. As mobilizações, no limite, estavam voltadas à inclusão social de uma parcela significativa da população.

Segundo Pinto (2003), um dos aspectos marcantes da realidade brasileira é que, apesar de não haver um movimento feminista, existiram muitos movimentos de mulheres, das mais diferentes orientações, organizados e atuantes. Em muitos deles, as integrantes estavam preocupadas com a melhoria de suas condições como mães e esposas, mas, sobretudo, com a melhoria de suas comunidades. Na época, os movimentos populares de bairro e os chamados *Clubes de Mães* eram muito fortes. Nas camadas populares, a Igreja Católica, por meio do Movimento Eclesial de Base (MEB), fortaleceu a participação popular da comunidade, inclusive dando cursos de organização política para formação de associações de bairro e associações comunitárias. Havia uma luta intensa contra a fome, reunindo grupos de mulheres de diferentes estratos sociais: desde as das classes altas até as trabalhadoras rurais.

As jovens universitárias envolviam-se majoritariamente com causas políticas, sobretudo na luta (armada ou não) pela redemocratização do país. Desse modo, havia uma aproximação dessas jovens ao ideário revolucionário da esquerda e à luta pela causa operária. Não se falava em *feminismo* no movimento estudantil, tema considerado, muitas vezes, "pequeno burguês" e alienado.

Os grupos feministas existiam, mas se constituíam na qualidade de pequenos conjuntos de caráter privado, com exceção do Conselho Nacional da Mulher (CNM), que tinha à frente Romy Medeiros (1921-2013). Romy Medeiros havia criado o CNM em

1949, com o objetivo de garantir direitos legais às mulheres, como a criação do Estatuto da Mulher, em 1962. Influente politicamente, ela atuava nas esferas de poder e, por isso, as pautas feministas do CNM eram conservadoras e interpostas de modo cauteloso.

No entanto, com a ditadura militar, esse cenário permissivo/colaborativo mudou. Em 1971, Romy Medeiros encaminhou uma carta à presidência comunicando sobre um serviço cívico com mulheres que pretendia desenvolver, com ações de saúde e educação –um evento de cunho conservador, segundo Pinto (2003), que tinha inclusive o apoio de grandes companhias internacionais. O regime militar encarou o evento com receio, como costumava ter em relação às mobilizações coletivas. Já um segundo evento, realizado em 1972, enfrentou vários problemas no Departamento da Ordem Política e Social (Dops). Pinto (2003) explica que a resistência a esses eventos era um indicativo de como o governo se posicionaria diante das causas feministas. Podemos inferir que essa postura estava associada a uma concepção muito conservadora do papel da mulher, que ainda no início dos anos 1960 não tinha direitos plenos no Brasil. Seu estatuto civil era semelhante ao dos povos indígenas, pois sua mobilidade era controlada pelos maridos – cabia, desse modo, a eles autorizar que a mulher trabalhasse ou viajasse para o exterior*. Mas não eram apenas os valores conservadores que o governo militar defendia, havia uma

---

*   Ainda que o Estatuto da Mulher Casada tenha sido aprovado em 1962, ou seja, dois anos antes do golpe militar, é preciso lembrar que o regime representou as forças mais conservadoras da sociedade brasileira.

preocupação que os encontros feministas se transformassem em oposição ao regime.

Quanto aos grupos feministas de caráter privado, estes se organizavam secretamente na casa de uma das participantes e novos membros deveriam ser convidados. Esses pequenos grupos se reuniam tendo em vista afinidades, discutindo temas sensíveis a todas, como sexualidade, literatura feminista e experiências pessoais. No entanto, como menciona Pinto (2003, p. 51), os encontros aconteciam com algum sentimento de culpa, pois estavam debatendo seus problemas numa "época em que o país precisa tanto de ação política". Assim, o feminismo não era bem visto pelo movimento militante contra a ditadura, o que ficou mais evidente no exílio.

Grande parte dos brasileiros exilados se dirigiu à Europa, notadamente para Paris, cidade que, no início dos anos 1970, ainda "fervilhava" com os movimentos deflagrados em 1968. Esse cenário de transformações de costumes e de reflexão sobre padrões cristalizados exerceria, depois, grande influência sobre as mulheres latino-americanas. Em 1972, a feminista brasileira Danda Prado fundou o Grupo Latino-Americano para Mulheres, cujos encontros deliberavam informalmente sobre tendências do feminismo contemporâneo.

Os encontros do Grupo de Mulheres Latino-Americanas provocaram muitas objeções tanto dos companheiros e maridos das participantes quanto do próprio movimento contra a ditadura, que continuava atuando no exílio. Os homens as acusavam de não estarem mais preocupadas com a luta política e que as pautas feministas estariam enfraquecendo o movimento político pela democracia. É impossível não comparar essa postura de receio ao movimento feminista com a dos militantes socialistas do início do século XX. Observem que a justificativa era a mesma: o feminismo seria um movimento menor, com pautas egoístas, que minava lutas tidas como maiores e mais importantes. Nos movimentos de luta pela democracia, havia ainda uma centralidade na figura masculina: os grupos de oposição ao regime eram também hierarquizados e centralizados em figuras masculinas.

A partir de 1975, foi organizado o Círculo de Mulheres Brasileiras em Paris, o qual estabeleceria fortes conexões com grupos no Brasil. O grupo articulava "uma postura política de esquerda, claramente identificada com a luta de classes e um trabalho interno de grupo de reflexão, no melhor estilo do feminismo europeu" (Pinto, 2003, p. 54). As experiências dessas mulheres no exílio seriam fundamentais para as várias frentes do feminismo brasileiro, que só ganhariam visibilidade após a anistia. O retorno das exiladas ao país foi responsável pela fundação de três frentes de atuação das feministas: o feminismo acadêmico, fortemente caracterizado pelo desenvolvimento de práticas voltadas à saúde e a educação; o feminismo político, já que muitas das antigas feministas de esquerda entraram para os quadros políticos brasileiros; e o feminismo "dos costumes", voltado a debater a moralidade da sociedade brasileira, os padrões de comportamento e a sexualidade.

Indicações culturais

As questões abordadas neste capítulo possibilitam uma visão abrangente do feminismo, não mais circunscrito como um movimento meramente voltado aos direitos das mulheres, mas tratado como uma ferramenta de reflexão contra desigualdades e repressões. Para expandir seus conhecimentos, recomendamos o documentário sobre o Partido dos Panteras Negras e o livro sobre a construção do movimento feminista a partir da luta contra a ditadura militar brasileira. Em ambos, podemos observar como lutas sociais também carregavam discriminações de gênero, ao mesmo tempo que possibilitaram a emergência de novas posturas e pautas para as mulheres, dando novas cores ao feminismo.

PANTERAS Negras: vanguarda da revolução. Direção: Stanley Nelson. EUA: PBS, 2015. 113 min.

Filme que aborda o surgimento do Partido dos Panteras Negras, partindo das visões de agentes do FBI e de membros do partido (homens e mulheres). A percepção das mulheres revela como, apesar do alto índice de adesão feminina, elas ocupavam lugares secundários dentro da estrutura do partido. O filme nos permite compreender tanto as transformações sociais ocorridas a partir dos anos 1960 quanto as relações entre as mulheres e o movimento negro.

TELES, A.; LEITE, R. S. C. **Da guerrilha à imprensa feminista**: a construção do feminismo pós-luta armada no Brasil (1975-1980). São Paulo: Intermeios, 2013.

O livro de Amelinha Teles e Rosalina Santa Cruz Leite aborda a organização feminina durante os anos de chumbo (entre as décadas de 1970-1980) e a consolidação do movimento feminista por meio de uma imprensa crítica e polêmica. Nele, vemos que as revistas feministas, já nos anos 1980, abordavam temas polêmicos, como aborto, violência sexual e desigualdades no mundo do trabalho.

Síntese

Neste capítulo, procuramos trabalhar com algumas das questões políticas do feminismo, sob diferentes enfoques. Vimos como o feminismo é uma consequência da sociedade capitalista, pois, ao alterar os padrões de família e produção, colocou a mulher em uma posição duplamente marginalizada: dentro do seu grupo doméstico/familiar e no mercado de trabalho. Assim, tivemos inicialmente duas discussões importantes: as relações entre mulheres e o trabalho e a aproximação do feminismo com o marxismo.

Outro tema fundamental para discussão foi a relação entre o feminismo e o movimento negro, tratado com base no conceito de interseccionalidade. Como vimos, esse conceito permite observar a sobreposição entre diferentes papéis ou posições sociais que são constitutivos da identidade e, ainda, compreender a sobreposição de diferentes formas de opressão.

Não seria possível deixar de abordar, ainda que brevemente, o feminismo brasileiro. Optamos por um recorte temporal considerado fundamental para entender a formação do campo feminista do país: como os grupos feministas foram criados a partir do período da ditadura militar. Identificamos que a luta pela democratização não excluiu a opressão de gênero, basta lembrar que a organização do movimento feminista não foi bem recebida pelos militantes antiditadura, sendo encarado como algo egoísta, desimportante e que enfraquecia a luta pela democracia. As mulheres inicialmente se organizaram em pequenos grupos e o movimento somente assumiu contornos mais evidentes com a experiência feminina no exílio.

Atividades de autoavaliação

1] Sobre o papel exercido pela mulher na economia doméstica, assinale a alternativa correta:

a) Desempenha exclusivamente funções ligadas aos cuidados dos filhos.

b) Desempenha funções produtivas e complementares ao sustento familiar.

c) Desempenha as mesmas atividades do homem para o sustento familiar.

d) Desempenha papéis considerados secundários para o sustento familiar.

e) Desempenha o papel de dona de casa prestativa e esposa carinhosa.

2] A respeito dos sentidos assumidos pela categoria "dona de casa" em São Paulo, na primeira metade do século XX, é correto afirmar:

a) Era complementar à categoria "mulher trabalhadora", pois toda dona de casa é "uma operária do lar".

b) Era pouco valorizada, já que a categoria de "mulher trabalhadora" ganhava força em decorrência do movimento sindical.

c) Foi paulatinamente valorizada, na medida em que este se tornava o principal papel a ser desempenhado pela mulher.

d) Era uma categoria pouco valorizada, já que se tratava de um trabalho não remunerado.

e) Era muito valorizada, pois reconhecia a centralidade de funções como o cuidado e os serviços domésticos.

3] Marx não abordou diretamente a questão da opressão feminina, no entanto, houve uma rápida adesão do movimento feminista à teoria marxista. A esse respeito, assinale a alternativa correta:

a) Houve uma identificação quase imediata entre a opressão de classe e a opressão feminina.

b) Os movimentos de mulheres preocupavam-se exclusivamente com a exploração do proletariado.

c) Os efeitos da mais-valia relatados por Marx permitiam às mulheres proletárias lutar contra a exploração doméstica.

d) A associação com Marx permitia questionar os valores tradicionais da família e do matrimônio.

e) A aproximação com Marx permitiu questionar as identidades de gênero e os padrões heteronormativos.

4] A respeito das críticas tecidas pelo socialismo utópico e pelas correntes anarquistas no que se refere à libertação feminina, podemos afirmar que um ponto em comum entre os dois é:

a) a procura por múltiplas identidades sociais.

b) a produção da mais-valia sobre o trabalho feminino.

c) a necessidade do controle estatal sobre os papéis de gênero.

d) as críticas às instituições, como o casamento.

e) a defesa do trabalho doméstico e sua valorização.

5] O conceito de interseccionalidade permite articular diferentes marcadores de diferença. Desse modo, é correto afirmar que a interseccionalidade:

a) foi utilizada apenas pelo feminismo negro, pois permite articular a opressão entre gênero e classe.

b) ao articular diferentes marcadores sociais, sempre prioriza a o gênero como principal elemento de opressão.

c) é um conceito plástico, passível de ser adaptado a diferentes realidades, dando mobilidade aos marcadores de opressão.

d) recebeu diversas críticas por engessar as categorias de opressão, restritas à relação entre gênero, classe e raça.

e) foi duramente criticada por desconsiderar a realidade de opressão vivida por mulheres das camadas sociais mais abastadas.

Atividades de aprendizagem

Questões para reflexão

1] Todos nós conhecemos ao menos uma mulher que se dedica exclusivamente ao trabalho doméstico. Escolha uma dessas mulheres e realize uma pequena entrevista, de caráter informal (uma conversa com o entrevistado). Procure saber:

- como e por que ela se tornou dona de casa;
- se já trabalhou fora e como foi a experiência;
- se gosta de exercer as atividades domésticas;
- se sente que o seu trabalho é valorizado e, caso sim, como percebe essa valorização na prática.

Com base nas respostas da entrevista, escreva um relato descrevendo a narrativa da entrevistada, suas opiniões e impressões sobre o trabalho doméstico e suas experiências. Realize, por fim, uma análise das informações sintetizadas, expondo e justificando seu ponto de vista com base nos temas discutidos neste capítulo.

2] Pesquise sobre os movimentos feministas brasileiros desde a década de 1960 até os dias de hoje e, com base nos dados coletados, trace uma linha do tempo indicando as principais vertentes e diferenças percebidas em cada período.

Atividade aplicada: prática

1] Várias reportagens abordam a questão da diferença salarial entre homens e mulheres. Pesquise algumas dessas reportagens que foram publicadas nos últimos 10 anos e escreva um texto relatando quais mudanças puderam ser observadas ao longo do tempo. Para construir seu relato, concentre-se nas seguintes questões:

a) Quais os setores do mercado de trabalho mais destacados? Houve variação desses setores com o passar dos anos?

b) Houve queda na variação de salários entre homens e mulheres no decorrer do tempo?

Repensando o gênero
[Capítulo 4]

Nosso objetivo neste capítulo é aprofundar a discussão sobre os conceitos de masculino e feminino e introduzir a noção de gênero e suas implicações na percepção de si e do outro em um sistema que normatiza corpos e a sexualidade. Faremos uma importante reflexão sobre a construção social dos corpos e da sexualidade. Desse modo, veremos que masculino e feminino são categorias classificatórias de produção da diferença. O gênero, longe de se prender a um corpo biológico, é extrapolado por identidades que são múltiplas e se relacionam às trajetórias particulares, experiências pessoais e contextos socioculturais previamente estabelecidos. Evidenciaremos aqui que as sexualidades são socialmente reguladas para manter e reforçar estruturas de poder por meio de políticas disciplinadoras dos corpos.

[4.1]
Debate sobre o masculino e o feminino: ampliando a questão de gênero

A partir da segunda metade da década de 1970, houve um deslocamento progressivo das categorias masculino/feminino (atreladas ao sexo biológico) para a noção do gênero (pautada em aspectos culturais). A emergência dos estudos feministas e de gênero chamou atenção para o fato de que as explicações sobre comportamentos e práticas sexuais estavam ainda centradas em uma visão naturalizada das relações. O gênero, embora apontasse para o simbólico, para as representações sociais, ainda estava marcado pela dicotomia masculino/feminino. Nesse cenário, surgiram abordagens que procuraram dissolver dicotomias, defendendo a possibilidade de pluralidades de gêneros e de aspectos performativos das identidades sexuais.

Como vimos antes, as categorias masculino/feminino estão profundamente enraizadas, inclusive no pensamento acadêmico, operando não apenas no nível da identidade sexual, mas como modelos para a compreensão de mundo. Nosso objetivo no presente tópico é relativizar essas categorias binárias para introduzir o conceito de gênero, cuja problematização servirá de base para que você compreenda este e os próximos capítulos.

[4.1.1]
Masculino e feminino

A dualidade entre masculino e feminino se consolidou como um poderoso operador para organizar o mundo entre os ocidentais. No campo acadêmico, em especial na psicologia e nas ciências sociais, importantes modelos explicativos foram elaborados conforme essa dualidade. Como estudamos no Capítulo 2, a utilização desses modelos foi questionada pelas teorias feministas, pois eles estariam reproduzindo valores dominantes. No entanto, é preciso tratar de tal dualidade para entender melhor as críticas feitas pelas teorias de gênero.

Breder (2010) toma como base comparativa as ideias de Bourdieu (2003) e Héritier (1996) para pensar a diferença hierárquica e, aparentemente universal, estabelecida entre masculino e feminino. Em ambos, os pontos de partida para instaurar assimetrias entre essas categorias são as características biológicas ligadas às diferenças anatômicas entre os sexos. Há, no entanto, uma diferença entre as proposições de Bourdieu (2003) e Héritier (1996): para o primeiro, a diferença anatômica serve como uma justificativa natural para uma diferença que tem base social; já para a segunda, as diferenças anatômicas presentes no mundo sensível são a base para a formulação de representações sociais.

Bourdieu (2003) parte do seu estudo da sociedade cabila, na Argélia, para tratar dos aspectos diferenciais entre masculino/feminino. Segundo ele, entre os cabilas, diferentemente do que ocorre na sociedade ocidental, a sexualidade não constitui uma esfera a parte do resto da sociedade. Ao contrário, Bourdieu argumenta que a oposição masculino/feminino participa da organização desta, como no arranjo espacial.

A casa cabila seria, então, o maior exemplo do emprego da oposição binária para ordenação da vida social: toda a casa é sexuada, concebida por meio da divisão entre: i) os espaços femininos – são os espaços privados, mais ligados à natureza, destinados à alimentação (cozinha) e à reprodução (quarto); ii) os espaços masculinos são os públicos, os consagrados ao convívio social, como a entrada da casa e a sala. Quando se passa para níveis mais abrangentes, a casa se torna o *locus* da atividade feminina por excelência, e a praça, o lugar do masculino. Ao utilizar a sociedade cabila para explicar o que Bourdieu denominou *pensamento androcêntrico*, esse autor entendeu que se trataria de um caso emblemático, por partilhar uma visão falo-narcísica identificada nas sociedades europeias.

Outros estudos etnográficos seguiram o modelo do de Bourdieu para investigar o espaço social em termos de uma divisão binária. O trabalho de Ellen Woortmann (1991), apresentado no Capítulo 3, sobre as comunidades pesqueiras do nordeste brasileiro, é um bom exemplo. Segundo ela, há uma correlação entre espaços produtivos, ambientes naturais e papéis de gênero:

> A classificação do espaço natural é também uma classificação de espaços sociais e de domínios pertinentes a cada gênero. Num plano mais geral, o mar é percebido como domínio do homem, em oposição à terra, domínio da mulher. No entanto, essa classificação bipolar se relativiza e se decompõe em outras oposições como que de menor escala. O mar se subdivide em mar de fora, mar alto, ou mar grosso, espaço do trabalho masculino por excelência, e em mar de dentro (entre a praia e os arrecifes), onde tanto homens como mulheres exercem atividades produtivas. (Woortmann, 1991, p. 3)

Esse tipo de organização lógica das práticas simbólicas e culturais, típica de uma sociedade centrada em uma perspectiva androcêntrica, seria o resultado **da transformação simbólica da constatação objetiva de uma diferença natural entre os sexos**. A dominação masculina, para Bourdieu (2003), não construiria apenas o mundo social, mas, sobretudo, os corpos de homens e mulheres. Essa lógica seria responsável, segundo o autor, por naturalizar relações sociais, nas quais a mulher é reduzida a um instrumento de reprodução social, um meio de troca por excelência para compor o capital simbólico masculino. No entanto, de acordo com ele, se as relações de dominação masculina estão inscritas na história, são passíveis de mudança.

A antropóloga Françoise Héritier (1996), em seu livro *Masculino/Feminino: o pensamento da diferença*, analisa as diferenças simbólicas entre masculino e feminino em diversas sociedades com vistas a definir um princípio universal, explicando assim o androcentrismo. O argumento de Héritier (1996) parte de dois elementos fundamentais: a observação das qualidades presentes no mundo sensível e o estabelecimento da identidade. Para a autora, o simbólico tem origem naquilo que pode ser observado no mundo, e o corpo humano é um desses elementos. O corpo desempenha, segundo ela, o *locus* da identidade, sendo impossível pensar categorias de gênero sem considerar as representações sobre as funções e os fluidos corporais.

O argumento da autora tem como base etnografias de sociedades não ocidentais, as quais evidenciam a importância do corpo e dos fluidos corporais na constituição dos indivíduos*. Nessas sociedades, as funções reprodutivas e a valoração dada a cada sexo desempenham um papel fundamental na construção da identidade. Ora, sob a lógica da autora, não difeririam muito da nossa sociedade, basta lembrar a importância dada aos laços consanguíneos entre pais e filhos, por exemplo. Em nossa sociedade, filhos adotivos tendem a procurar seus genitores para "saber sua origem". Nesse sentido, apesar de variações culturais, haveria um

---

* Héritier (1996) pauta parte de seu trabalho nos dados etnográficos analisados por Lévi-Strauss (1982) sobre os Vasu (ilhas Fiji) e o sistema iroquês de parentesco (América do Norte). A autora analisa dados coletados em suas próprias etnografias, realizadas na África Ocidental com os Samo na década de 1960.

espectro universal com base no qual se refletiria sobre a relação idêntico/diferente.

As relações idêntico/diferente estariam na base das relações de parentesco, pois permitiriam regular a regra responsável por modular a diferença entre pessoas, divididas entre não casáveis (idênticos) e aquelas com quem se pode casar (diferente). Trata-se de um ponto relevante, pois nos estudos do parentesco cabe às relações de aliança (casamento – com o diferente) fundamentar a reciprocidade, ou seja, os vínculos e os laços sociais entre pessoas*. O binômio idêntico/diferente também, na fala de Héritier (1996), sustentaria as demais distinções existentes, organizando, assim, o mundo ao nosso redor. No entanto, a base de todo esse sistema classificatório entre idêntico e diferente teria como ponto de par-tida a oposição masculino e feminino. Partindo dessa oposição, Héritier (1996) formula o conceito de **valência diferencial entre os sexos** para abordar a prevalência do masculino sobre o feminino.

Para compreender o conceito de valência diferencial, é ne-cessário apresentar rapidamente como a autora concebe a noção de parentesco. Segundo ela, o sistema de parentesco se articula por meio de um substrato biológico baseado em três leis gerais: i) a divisão entre masculino e feminino; ii) a sucessão de gerações; e iii) a ordem de nascimento. Apesar de se tratar de leis universais,

---

* Como vimos no Capítulo 2, essa discussão foi alvo de inúmeras críticas produzidas por teóricos do feminismo: seja por naturalizar as relações de gênero; seja por reproduzir um modelo heteronormativo; ou seja ainda pelo caráter problemático de atribuir à troca de mulheres o fundamento da cultura. Neste capítulo, aprofundaremos a discussão sobre a naturalização do gênero.

na perspectiva da autora, elas possuem diferentes leituras conforme a sociedade, como se houvesse um alfabeto em comum, mas o modo de utilizar as letras variasse (Breder, 2010). Porém, em um domínio não haveria variação: a relação hierarquizada entre o masculino e o feminino.

Analisando diferentes sistemas de parentesco, Héritier (1996) observa que não existe um em que as relações de descendência e casamento sejam realizadas por meio das mulheres. Em todos os casos observados, há intermediação de uma dominação masculina. Mas qual, então, seria a origem dessa prevalência? De acordo com ela, a resposta não está vinculada necessariamente às diferenças anatômicas (força, tamanho, aparência corporal etc.), mas à "necessidade" ou à "vontade" dos homens de controlar a fecundidade feminina. A gestação – que consiste no poder de um corpo gerar outro corpo e, assim, sintetizar as relações entre o idêntico e o diferente – seria, conforme a autora, algo cobiçado pelos homens, fazendo-os produzir regras de organização social que lhes dessem o controle sobre os corpos femininos. Enfim, as relações de parentesco permitiriam identificar essa predominância do masculino.

O parentesco é um elemento caro à antropologia clássica, pois se constitui como um elemento central da organização social. Claude Lévi-Strauss (1982), como abordado no Capítulo 2, fundamenta a lógica do parentesco da aliança matrimonial na troca de mulheres. Segundo ele, a troca de mulheres só é possível pela proibição do incesto, ou seja, quando determinadas mulheres passaram a ser proibidas é que se tornou necessário estabelecer intercâmbio entre diferentes grupos. É neste sentido que Lévi-Strauss (1982) se refere às mulheres como um bem de troca precioso*.

Héritier (1996) não apenas recupera a perspectiva levistraussiana como situa a valência diferencial entre os sexos como uma das bases que alicerçam a sociedade, ao lado da proibição do incesto, da divisão sexual do trabalho e de uma forma socialmente reconhecida de aliança sexual. Podemos sugerir que, no pensamento de pesquisadora, a desigualdade social entre homens e mulheres seria um produto da cultura para superar uma desigualdade natural: a de que as mulheres produzem outros seres humanos.

A teoria de Héritier (1996) foi objeto de várias críticas, tanto por parte de estudos feministas quanto por parte de antropólogos. Para Eduardo Viveiros de Castro (1990), a autora acabou por congelar as mulheres na condição de objeto da troca, desconsiderando que o próprio modelo proposto por Lévi-Strauss (1982) seria puramente formal, ou seja, não importa qual dos sexos é objeto de troca, o importante é a troca em si**. Viveiros de Castro (1990) ainda destaca o fato de que, no limite, Héritier (1996) não explica o parentesco ou os sentidos da dominância masculina, apenas reforça uma diferença sexual, biológica e preexistente.

Da mesma forma, Rosaldo (1995) questiona que os pesquisadores, ao procurarem por modelos teóricos universais para a diferença entre os sexos, acabam por reforçar a noção errônea

---

*   Vimos no Capítulo 2 a importância da teoria do parentesco levistraussiana e da proibição do incesto como pilares da crítica feminista.

**   O próprio Lévi-Strauss havia afirmado que o sexo que se desloca para a troca não importa (Breder, 2010).

de que há uma assimetria universal e, portanto, imutável pautada na fisiologia dos corpos. A própria Héritier (1996) não usa, por exemplo, o conceito de gênero. Em sua teoria, pretensamente universal, a antropóloga francesa está operando com a noção de sexo (biológico) e não com o conceito de gênero. Veremos nas próximas páginas a importância da distinção entre *sexo* e *gênero* e os problemas envolvidos.

Rosaldo (1995), assim como outras antropólogas precursoras dos estudos de gênero na etnografia, evidencia a necessidade de se observar os papéis desempenhados por homens e mulheres em sociedades concretas. Segundo ela, é preciso cessar a busca de verdades universais que têm diferenças anatômicas (biológicas) como pano de fundo de suas explanações. Essa autora argumenta que uma antropologia voltada para tal, como vimos no trabalho de Héritier (1996), é incapaz de superar preconceitos que suas questões encerram: i) no caso das diferenças sociais entre homens e mulheres, o gênero permanece confundido com uma condição fisiológica; e ii) quanto ao caráter universal, este tende a interpretar as relações assimétricas entre homens e mulheres como imutáveis. Entretanto, ao desenvolver sua argumentação, Rosaldo (1995) também não consegue superar o universalismo da ideia de dominação masculina; embora considere que essa dominação não apresenta um conteúdo universal, ela permaneceria como um aspecto da vida coletiva.

Ainda que Rosaldo (1995) privilegie um tratamento do feminino fundamentado nos significados locais e construídos na prática cotidiana, a antropóloga não escapa das noções que critica. Quer dizer, não consegue separar a distinção entre gênero e sexo, o que

154

implica em considerar o primeiro com base nos dados biológicos implícitos no segundo. O relativismo cultural da antropóloga acaba por se tornar, assim, um conjunto de fatos etnográficos para concluir que fatos biológicos são moldados por contextos locais.

Segundo Rosaldo (1995), há uma divisão geral entre público e privado que se difunde em diferentes localidades. A mulher, presa em distintos cenários na esfera privada, tem como principal atividade ser reprodutora da família (prover a alimentação, cuidar da casa e dos filhos etc.). Somente os homens apareceriam como arquitetos das relações públicas, promovendo a troca inclusive fora de sua sociedade. Ora, essa perspectiva parece reproduzir o que Butler (2018) entende como *colonialista*, pois tomar a divisão do trabalho como um ponto fundamental para explicar a assimetria entre homens e mulheres é cair em um problema típico do Ocidente: a exploração e a desigualdade no mundo do trabalho.

Judith Butler (2018) propõe outra leitura do gênero. Primeiro, julga que este, uma vez construído socialmente, não pode ser reduzido ao sexo anatômico. Entretanto, para ela, não se trata de distinguir o sexo como algo biológico – e, portanto, anterior à cultura – do gênero, cujo caráter seria uma produção cultural. Como veremos, de acordo com Butler (2018), tanto o sexo quanto o gênero são produtos de uma série de relações de poder, fabricados para "atender" a uma gama de interesses políticos e sociais. Desse modo, "a distinção entre sexo e gênero revela-se completamente nula" (Butler, 2018, p. 27).

Da mesma forma, em seu livro *Problemas de gênero*, Judith Butler (2018) aponta as consequências da continuidade de uma leitura binária de gênero, como: i) a manutenção rígida da oposição entre masculino e feminino encobrir outras estruturas de poder que atuam nas relações de gênero; ii) e o sistema binário manter o mimetismo entre sexo (biológico) e o gênero, quando é preciso perceber que o gênero é um constructo, e não algo inscrito na natureza. Butler (2018) alerta para a necessidade de reformular a questão de gênero, repensando papéis, mecanismos da constituição de gênero e a produção dos corpos. Essas são algumas questões que veremos ao longo das próximas páginas.

> De acordo com Butler (2018), tanto o sexo quanto o gênero são produtos de uma série de relações de poder, fabricados para "atender" a uma gama de interesses políticos e sociais. Desse modo, "a distinção entre sexo e gênero revela-se completamente nula" (Butler, 2018, p. 27).

[4.1.2]
Gênero

Nosso objetivo aqui é aprofundar e desconstruir o conceito de gênero, elemento central para discutir como o corpo e a sexualidade humana são constructos sociais. O campo da teoria feminista tem desenvolvido e refinado nas últimas décadas os conceitos de sexo e de gênero. O conceito de gênero emergiu ainda no final dos anos 1970 como uma alternativa à compreensão da dominação masculina. Ao invés de centralizar as análises nas diferenças biológicas – ou, melhor dizendo, anatômicas – entre os sexos, o gênero procura entender seus aspectos culturais, sua configuração com base nas relações sociais estabelecidas.

Claro, muitos teóricos contribuíram para esse debate. Não é nosso objetivo fazer um levantamento exaustivo sobre as diversas e diferentes concepções de gênero, mas indicar alguns caminhos e marcos teóricos importantes. Nas próximas páginas, trabalharemos com os conceitos de três autoras fundamentais para os estudos de gênero: Teresa de Lauretis, Gayle Rubin e Judith Butler.

Mas, afinal, o que é gênero? Até agora abordamos esse conceito de forma "marginal". Quais são seus significados e suas implicações na vida das pessoas? Gênero e sexo são iguais? Por que associamos gênero aos conceitos de masculino e feminino? Quem define o gênero: o indivíduo ou a sociedade? Qual o impacto das construções de gênero sobre a mulher? Iremos nos debruçar sobre tais perguntas apoiados em certos conceitos-chaves, quais sejam: **sistema sexo-gênero, interpelação, ideologia de gênero, tecnologias de gênero** e **performatividade de gênero.**

Antes, gostaríamos de fazer uma pequena provocação inspirada no mesmo exemplo dado por Lauretis (1994). Quantas vezes, ao longo de nossas vidas, preenchemos formulários (inscrições para concursos, fichas cadastrais, formulários para empregos etc.)? Nesses documentos, há sempre a seguinte questão:

Sexo:	( ) Masculino	( ) Feminino

Quando assinalamos o sexo, somos nós que estamos fazendo uma opção? Ou seja, somos nós que nos representamos como homens ou mulheres? Ou é uma representação externa que nos marca como feminino e masculino, ou seja, o sexo se marca em nós? Nesse momento, em que preenchemos o questionário, não há espaço para outras possibilidades: ou é masculino ou é feminino. Os eixos dessa dualidade rígida são simplesmente a reprodução de algo que existe na natureza: os dois sexos biológicos? Ou, antes, nos revelam um sistema de ideias orientadas pelos papéis masculinos e femininos, como uma ideologia dominante em nossa sociedade? Por fim, há implicações quando, em determinados contextos, assinalamos masculino ou feminino?

Segundo Lauretis (1994), o exemplo de assinalar o sexo ao preencher um questionário ilustra a **interpelação**. O conceito de interpelação, inspirado no trabalho de Althusser (1980), como veremos adiante, revela que, ao marcar um sexo em um formulário, assumimos (e aceitamos) para nós, para nossa identidade social, as categorias hegemônicas de masculino (homem) e feminino (mulher).

Cabe aqui perguntar qual o significado dicionarizado da palavra *gênero*. Segundo o Dicionário Aurélio (Ferreira, 1986), apresenta dois significados distintos:

[1] "Grupo de espécies que têm entre si certas analogias" (Ferreira, 1986, p. 844), as quais podem ser diversas, como uma mesma espécie de animais (cobras) ou uma classe de animais (como mamíferos).

[2] Também podem indicar uma divisão dos nomes, ou uma propriedade de algumas classes de palavras – notadamente, substantivos e adjetivos – que apresentam contrastes, podendo ser masculinas, femininas e, por vezes, neutras. Tais divisões correspondem a "critérios baseados no sexo ou associações psicológicas" (Ferreira, 1986, p. 844).

É interessante observar que, no português, há uma proximidade entre a qualidade e o sexo, sempre classificado como masculino ou feminino. A relação entre a língua e a permanência do binarismo de gênero também é mencionada por Butler (2018), que considera um aspecto importante para compreender as estruturas normativas impressas nas relações e nos papéis de gênero e na sexualidade.

Gênero pode ser definido, assim, como um modo de classificar um grupo de "coisas" tendo em conta características semelhantes, o que remete ao significado n. 2 citado anteriormente. Podemos dizer que o gênero está associado, em nossa cultura dominante, a duas classes: masculino e feminino. Ao classificar, o que se está fazendo é colocar a "coisa" neste ou naquele grupo, estabelecendo uma **relação de semelhança entre elas**.

Nesse sentido é que Lauretis (1994) afirma que o gênero não representa um indivíduo ou uma entidade em si mesmo, antes, faz alusão a um conjunto de qualidades e de propriedades. Gênero é relação: entre coisas, entre indivíduos e entre determinados atributos. Uma criança, por exemplo, não é classifica *a priori* em termos de masculino ou feminino. A criança, por si só, possui um gênero neutro. No entanto, ao fazer a ultrassonografia para identificação do sexo do bebê, os pais já se preparam para receber um menino ou uma menina, ou seja, masculino ou feminino. Essa preparação, que se estende após o nascimento, é expressa de diferentes maneiras: nas cores das roupas escolhidas, na decoração do quarto, nos presentes recebidos. Em outras palavras, o bebê, ou a criança, é rotulado/categorizado antes do seu nascimento.

Se, ao classificar meninos e meninas, atribuímos a cada um determinados papéis (o que meninos fazem, o que meninas fazem) ou características estéticas (azul para meninos, rosa para meninas), podemos perceber que o gênero (ou nosso sistema classificatório) não está diretamente associado ao sexo enquanto dado biológico, mas às representações que fazemos sobre ele.

Ainda que seja uma representação, o que se faz é associar indivíduos a uma estrutura conceitual rígida baseada em representações sobre o sexo biológico, entre masculino e feminino. Essa estrutura conceitual rígida entre os cientistas sociais, dentro da literatura feminista, convencionou-se chamar de *sistema sexo-gênero*.

[4.1.3]
O sistema sexo-gênero

O sistema sexo-gênero é uma construção sociocultural, mas também uma representação que atribui significados ao indivíduo dentro de uma sociedade. Esse conceito assumiu distintas leituras na teoria feminista, no entanto, há um ponto de convergência entre elas: frisam o caráter social da construção do gênero.

Gayle Rubin (1975) foi uma das precursoras da noção de sistema sexo-gênero. Em linhas gerais, a autora o define como arranjos que transformam o sexo biológico em um produto cultural. Tendo como premissa que o gênero faz parte da cultura, Rubin (1975) parte da leitura crítica de dois autores – Lévi-Strauss e Freud – para analisar em profundidade os aspectos desse sistema. Pois, como vimos no Capítulo 3, as regras da proibição do incesto, da troca de mulheres e da castração freudiana oferecem subsídios para a reflexão sobre a construção social do gênero.

Os argumentos apresentados por Freud e Lévi-Strauss indicariam uma obrigação normativa da heterossexualidade, argumento que será reelaborado posteriormente por autores como Judith Butler (2018). No caso de Lévi-Strauss, o sistema de parentesco pautado na troca de mulheres instaura a naturalização da heterossexualidade. Segundo Rubin (1975), a noção da proibição do incesto encobriria outro tabu ainda mais elementar: o da homossexualidade. Com isso, as noções freudianas estariam menos associadas à anatomia e mais centradas nos mecanismos e nas formas de sexualidade consideradas apropriadas. Desse modo, a autora retira a sexualidade do plano biológico e fundamenta a criação de uma suposta normalidade heterossexual, centrada em regras e mecanismos de controle social:

> o tabu do incesto pressupõe um tabu anterior, menos enunciado, contra a homossexualidade. Uma proibição contra **algumas** uniões heterossexuais supõe um tabu contra uniões **não** heterossexuais. O gênero é não somente uma identificação com um sexo; ele também implica que o desejo sexual seja dirigido para o sexo oposto. (Rubin, citada por Butler, 2018, p. 132, grifo do original)

Se a heterossexualidade é um padrão instituído pelas regras sociais e constitutivas das relações de gênero, o mesmo não ocorreria com a bissexualidade. Para Rubin (1975), a bissexualidade seria anterior ao gênero. Ou seja, antes da transformação do masculino e feminino biológico em traços de gênero (culturais), haveria na criança uma infinidade de possibilidades sexuais. A ideia de uma "bissexualidade" originária anterior à cultura será posteriormente criticada por Butler (2018), para quem, como veremos, a sexualidade se constrói no cotidiano e nas interações sociais.

É importante compreender que, apesar das críticas, Rubin (1975) não supera o dualismo levistraussiano entre natureza e cultura; ao contrário, ele é reificado e transportado para a distinção entre sexo (natureza) e gênero (cultura). A partir da década de 1990, teve início um esforço para dissolver tais dicotomias, no entanto, os argumentos de Rubin (1975) seguem como pilar com base no qual as abordagens das questões de gênero se consolidam como pertencentes à ordem da cultura.

[4.2]
Ideologia e tecnologias de gênero

Em meados da década de 1980, presenciamos uma virada nas discussões sobre gênero e sexualidade. Alguns conceitos passaram a ser utilizados como sustentáculos dessa nova perspectiva, são eles: o conceito de ideologia e a noção de tecnologia de gênero. A escritora italiana Teresa de Lauretis (1994) empresta a noção de ideologia de Althusser para formular seu conceito de **ideologia de gênero**. Segundo Althusser (1980), a ideologia não pode ser concebida como um sistema de relações reais que governam a existência dos indivíduos, mas como uma **relação imaginária entre esses indivíduos e as rela**ções reais por eles vivenciadas.

Observe que a ideologia para Althusser se expressa em uma espécie de relação dialógica entre indivíduo e sociedade. Podemos dizer que, se há um conjunto de regras e conceitos que são exteriores ao indivíduo (para utilizar uma terminologia de Durkheim), é apenas nesse indivíduo que tais conceitos se realizam. Althusser (1980) vai além: a ideologia não está fora do sujeito, mas incrustrada nele. Ao mesmo tempo, seu papel é transformar indivíduos em sujeitos sociais, ou seja, em sujeitos históricos concretos.

Nesse sentido, a noção de ideologia de Althusser, ao destacar a importância do sujeito, abre espaço para uma dimensão subjetiva da ideologia. O sujeito também atualiza representações sociais de acordo com suas trajetórias particulares. Lauretis (1994) admite que, ainda que Althusser não estivesse pensando em gênero, sua concepção de ideologia propicia uma aproximação com tal conceito. Por exemplo, se alterarmos a palavra *ideologia* para *gênero*, perceberemos que o gênero também tem a função de transformar indivíduos em sujeitos sociais: em homens e mulheres. Assim, quando preenchemos qual é o nosso sexo nos mais variados tipos de formulários, o que fazemos é assumir uma categorização de gênero vinculada a uma perspectiva dominante: somos homens ou mulheres. A esse fenômeno Althusser (1980) deu o nome de **interpelação**, como já dissemos anteriormente.

> A escritora italiana Teresa de Lauretis (1994) empresta a noção de ideologia de Althusser para formular seu conceito de ideologia de gênero. Segundo Althusser (1980), a ideologia não pode ser concebida como um sistema de relações reais que governam a existência dos indivíduos, mas como uma relação imaginária entre esses indivíduos e as relações reais por eles vivenciadas.

A interpelação se sucede quando uma determinada representação social é aceita e assumida pelo sujeito como se fosse sua própria representação, tornando-se real para ele. Vimos anteriormente que o ato de preencher o questionário é um ato de interpelação, mas há outros momentos em que esse fenômeno ocorre, como na construção da feminilidade. Há determinados signos que manifestam o ideal de feminilidade e estão ligados a certos cuidados com o corpo e consigo. O cuidado leva a noções como valorização e autoestima da mulher. São exemplos desses cuidados: fazer as unhas regularmente, retirar o excesso dos pelos (uma mulher feminina não tem pelos), realizar determinados rituais com os cabelos, cuidar no controle do peso etc. Esses procedimentos são impostos por padrões de beleza, mas também são adotados como expressões de autoestima.

Desse modo, a articulação entre esses dois conceitos, de interpelação e ideologia, permite a Lauretis (1994) entender as conexões entre as dimensões sociais e subjetivas na produção das identidades de gênero. Apesar de sua importância, as categorias de gênero não são as únicas operadoras para a construção das identidades, pois a realidade não é unidimensional. Há um conjunto de situações e de posições sociais que também as compõem.

Voltemos ao exemplo do preenchimento do formulário: além da identificação do sexo, precisamos responder outras perguntas que revelam nosso perfil social. São dados correspondentes à escolaridade, ao rendimento médio, à cor da pele, ao estado civil etc. Assim, se o gênero nos coloca em determinadas posições dentro da estrutura social, elas estão relacionadas a outros elementos. Uma coisa é ser, por exemplo, uma mulher branca de classe média, outra é ser uma mulher negra da periferia, outra é ser uma indígena.

Até agora estamos falando apenas de interpelação de representações dominantes que reproduzimos, mas há espaço para que o próprio sujeito componha sua identidade. Homens e mulheres se posicionam diferentemente dentro de relações sociais e representações coletivas: há margem para construções de identidades particulares, relacionadas com trajetórias pessoais. Os papéis de gênero não podem estar restritos ao masculino e ao feminino, já que envolvem um conjunto de representações: uma feminista negra assume discursos diferentes dos de uma feminista branca de classe média, pois as questões levantadas, as bandeiras de luta, são motivadas por diferentes demandas.

No que concerne ao conceito de tecnologia de gênero, esse é inspirado nas concepções foucaultianas de poder e tecnologias de poder. Segundo Foucault (2014b), o poder não pode ser confundido com o Estado, com instituições sociais (escola, família, leis, religião etc.). O poder é ação e vontade e, portanto, é exercido toda vez que o sujeito age em determinados contextos sociais. Já as instituições seriam tecnologias do poder, utilizadas, sobretudo, para assegurar os interesses e os objetivos políticos das classes dominantes. Ao longo de sua obra, Foucault dá vários exemplos sobre como aquelas instituições são usadas para controlar e disciplinar pessoas e corpos. Simultaneamente, ao retirar a noção de poder dessas instituições, Foucault reconhece a existência de um campo relacional de forças em disputas por determinados espaços. O poder pode, pois, ser exercido por distintos grupos e não está restrito à dicotomia rígida entre opressor e oprimido. Essas concepções de poder e suas tecnologias têm impacto direto sobre a teoria de gênero elaborada a partir dos anos 1980.

Partindo da noção foucaultiana de tecnologia, Lauretis (1994) considera que as tecnologias sexuais asseguram a reprodução de padrões hegemônicos nas relações de gênero, os quais vão ao encontro dos valores morais das classes dominantes. Tais tecnologias, cuja função é reproduzir determinados discursos, estão presentes em diferentes campos/espaços sociais: cinema, educação, família e igreja.

Assim como outros autores, Lauretis (1994) constata que há um padrão normativo e regulatório que cria representações de gênero pautadas na dualidade masculino/feminino. No entanto, para ela, outras representações são possíveis e estão localizadas às margens do discurso hegemônico. Para compreender como se formam essas identidades e espaços de gênero situados à margem, a autora lança mão de um conceito da esfera do cinema chamado *space-off* (Lauretis, 1994).

O *space-off* é o espaço apagado, mas ainda presente na cena. No cinema convencional, o *space-off* é o lugar "retirado" da cena para respeitar determinadas regras de narração. Outras linguagens cinematográficas revelaram a existência concomitante e paralela desses espaços nas cenas. Algo semelhante ocorreria com o gênero: no centro estão as práticas discursivas hegemônicas, nas margens estão outras representações de gênero, irrepresentáveis dentro da lógica dominante, as quais representam o *space-off*. Segundo Lauretis (1994), a relação entre os dois espaços é de contradição: viver nos dois domínios é uma tensão constante de passar de um lugar a outro, cujas forças estão em direções contrárias.

[4.3]
Políticas da sexualidade

Não se pode falar sobre as questões e as relações de gênero sem reconhecer as cruciais contribuições da teoria de Michel Foucault (1926-1984). As influências da abordagem foucaultiana sobre a teoria feminista se exacerbaram a partir da década de 1980, quando ocorreu um deslocamento de uma abordagem que privilegiava a "mulher" como categoria central do feminismo para a adoção do "gênero".

Uma das primeiras teóricas a enfatizar o conceito de gênero foi a historiadora Joan Scott, em 1986. Ela, ao mapear os diferentes usos que a palavra havia recebido nos estudos feministas, notou sua importância no projeto de desvincular o determinismo biológico das questões feministas. Como ela observou, muitas vezes, a utilização da categoria gênero era apenas um substitutivo para mulher. Desse modo, havia uma dificuldade em desvincular a diferenciação social historicamente atribuída às mulheres de explicações biologizantes.

O gênero passou a ser uma categoria analítica e, para Scott (1990), uma ferramenta teórica essencial para desconstruir a oposição binária entre os sexos e, somente assim, inserir as mulheres na historiografia. O conceito apresentado por Scott (1990, p. 14) define gênero como "um elemento constitutivo das relações sociais, baseado na diferença percebida entre os sexos, e gênero é uma maneira primordial de significar relações de poder".

A definição de Scott aponta para duas questões que merecem destaque: i) a primeira é o caráter não natural do gênero, pois as relações são sociais e percebidas pelas pessoas. Como historiadora, Scott (1990) insere o gênero nas relações históricas e, por esse motivo, entende que estas não podem ser estáticas ou universais, mas sim contextuais; ii) a dimensão de poder atribuída ao gênero abre espaço para pensar as relações de gênero no campo da arena política. Desse modo, a historiadora elimina a vinculação de gênero como uma espécie de sinônimo para tratar da questão feminina e o desloca para um campo mais amplo de conexões (Pelegrini, 2012).

A dimensão política do gênero conferida por Joan Scott (1990) possibilita identificar como tais relações se introduziram em certos processos históricos. Além disso, se o gênero possibilita refletir sobre a inserção feminina em contextos histórico-políticos específicos, há então uma associação direta com as concepções foucaultianas de poder. Como vimos, para Foucault (2014b), o poder não é uma instituição, mas uma ação, portanto há uma dimensão subjetiva que possibilita aos sujeitos exercer o poder em diferentes posições sociais. Há certa "democratização" da categoria, o que não significa negar noções como hegemonia e dominação, mas sim abrir caminho para pensar outros espaços e outras formas de ação. Ora, essa perspectiva "cai como uma luva" para: i) pensar questões ligadas à desigualdade de gêneros; ii) compreender a existência de um padrão normativo dominante e sua ação sobre a produção de corpos generificados; iii) e chamar atenção para a dimensão histórica da sexualidade que, longe de ser algo natural, é instituída por meio da produção de determinados discursos e formulação de valores.

No primeiro volume da *História da sexualidade*, Foucault (2014a) defende a ideia de que a sexualidade, normalmente considerada uma questão natural, particular e íntima, é de fato totalmente construída na cultura de acordo com determinados valores e objetivos políticos dominantes. Segundo ele, em nossa sociedade contemporânea, a "tecnologia sexual" foi criada e desenvolvida obedecendo a uma moral burguesa que vem se constituindo e se transformando desde o final do século XVIII. As tecnologias sexuais presentes nas mais variadas instituições (nas normas jurídicas, na família, na moral religiosa etc.) vêm regulando sujeitos, principalmente aqueles situados às margens da sociedade, como mulheres e crianças.

Desse modo, Foucault (2014a) considera a sexualidade como um **dispositivo histórico**, algo que se constitui socialmente com base em discursos sobre o sexo, a prática sexual, o desejo e a constituição dos corpos. O autor reconhece que os discursos são heterogêneos, no entanto, destaca que alguns deles são hegemônicos e buscam o controle social em um campo em permanente disputa. A reflexão a seguir pode nos auxiliar na compreensão da questão.

Vivemos no que os teóricos de gênero chamam de um *padrão heteronormativo*, ou seja, a heterossexualidade é considerada "o normal", e as demais formas de experienciar a sexualidade e o desejo são classificadas como "desviantes". Em outro nível, podemos pensar que, quando há uma coincidência entre o sexo biológico e a identidade de gênero do sujeito, mesmo que homossexual, é "menos" desviante que um transexual. Evidentemente, essa é uma leitura que se faz fundada em valores morais dominantes, porque a percepção entre sexo biológico e gênero é muito mais refinada do que as atuais dicotomias cisgênero/transgênero.

A questão é que o padrão heteronormativo sustenta e é sustentado por uma série de valores que regulam os corpos. Se o sexo biológico deve coincidir com o gênero sempre em número de dois (ou se é homem ou mulher), essa identificação é construída, muitas vezes, antes do nascimento. São as cores das roupas a serem utilizadas pelos bebês de cada sexo, é o imperativo social de furar a orelha das meninas, **são os brinquedos considerados adequados a cada sexo** etc.

Mas a heteronormatividade também fabrica valores: a constituição de um núcleo familiar composto por pai, mãe e filhos é um deles. Observe que apenas muito recentemente o chamado *casamento gay* foi legalmente aceito em alguns países, bem como a adoção de crianças por casais do mesmo sexo. No entanto, casamento e adoção por sujeitos homossexuais geram ainda polêmica em nossa sociedade. Não são poucas as vezes que ouvimos questionamentos sobre se as crianças não ficarão "confusas" quanto ao que é "certo"; ou ainda quanto a quem seria "o pai" e quem seria "a mãe".

Perceba que, apesar do padrão heteronormativo se impor de diferentes maneiras, utilizando dos dispositivos sociais, a sociedade não é homogênea: outros discursos, outros corpos e outras experiências coexistem e se impõem no dia a dia. Há conflitos e tensões, mas também é nessa diversidade, nessa polissemia, que transformações são produzidas.

Retornando à moralidade ocidental dominante, Foucault (2014b) nos indica alguns dos mecanismos utilizados para regular corpos e sexualidades. Se em outras sociedades são exploradas formas de expandir as experiências de prazer, como nas sociedades orientais (Japão, Índia), o que desponta na sociedade ocidental são instituições de controle do desejo. A mulher, por exemplo, até a comercialização da pílula anticoncepcional, teve sua sexualidade vinculada à esfera reprodutiva. Como vimos no Capítulo 1, os valores morais contidos nas representações religiosas, cercearam as mulheres não apenas da vida social, mas também de suas experiências com os prazeres e os desejos.

Apesar de a moral cristã ter contingenciado corpos e desejos ao longo dos séculos, a sexualidade surgiu na condição de dispositivo histórico apenas no século XVIII, com a emergência da burguesia. Segundo Foucault (2014b), a burguesia assumiu os cuidados com o corpo atrelados a valores como higiene e saúde, como uma marca/expressão dos cuidados de si. Se no antigo regime a nobreza era definida pelo "sangue", agora a marca/valor do sujeito se expressa nos cuidados com os corpos. A burguesia, afirma Foucault, passou a fazer de seus corpos uma fonte de conhecimento. É claro que as experiências individuais passam por determinados valores: assim, há experiências vividas e aceitas por estarem dentro desses valores; e há experiências inquietantes e divergentes.

É importante notar que o autor trouxe as relações de poder para o campo das intimidades e das subjetividades. É nos corpos dos sujeitos que valores, normas e [acrescentamos] também as possibilidades desviantes são inscritos. Se, por um lado, a particularização dessas normas sobre os corpos parecia abrir caminho para a participação dos indivíduos nos processos de construção do poder, por outro, a fixação de normas sobre os corpos se mostrou um mecanismo de controle e sujeição. Vale pensar que, nesse processo, é um tipo de poder que transforma os indivíduos em sujeitos. Ainda conforme Foucault (2014a, 2014b), há dois sentidos expressos pela palavra *sujeito*: o primeiro remete a uma relação desigual de controle e dependência; o outro, à sujeição a seu próprio corpo quando da internalização de determinadas regras.

Não é à toa que, embora o teórico nunca tenha utilizado o conceito *gênero* em suas obras, sua teoria tenha causado grande impacto nos estudos de gênero e na teoria feminista como um todo. As ideias de Foucault sobre a sexualidade, sua relação com os corpos e a constituição de identidades individuais permitem uma abordagem profunda sobre as questões de gênero. Como veremos nas páginas que se seguem, trata-se de mecanismos metodológicos que possibilitam o entendimento de duas dimensões aparentemente contraditórias: por um lado, a determinação do sujeito pelas normas de gênero; por outro, as liberdades e as trajetórias individuais para a construção de identidades particulares.

[4.4]
O caráter performático do gênero

O livro de Judith Butler (2018), *Problemas de gênero: feminismo e subversão da identidade*, é um marco nos estudos de gênero e da sexualidade. Um dos motivos da importância desse livro é o esforço teórico em dissolver a oposição tradicionalmente estabelecida entre sexo e gênero. Nesse livro, Butler (2018, p. 9) indica que os debates feministas dos anos 1990 levaram à certa inquietação a respeito da categoria de gênero e sua aparente elasticidade e capacidade de "desestabilizar as próprias distinções entre natural e artificial".

Ao problematizar o gênero, gostaríamos de destacar aqui alguns pontos que perpassarão o restante do livro. O primeiro deles é que Butler (2018) vai encarar o **problema** como um procedimento metodológico que oferece alguma luz sobre as questões de gênero. A ideia é reconhecer como um recurso metodológico permite a essa autora compreender de que forma determinadas demandas sociais crescem e se transformam em problemas. Quais problemas são esses? O primeiro deles, que retomaremos no último capítulo do livro, é a relativização da categoria *mulher* como uma categoria universal do feminismo. Outro problema é atrelar gênero ao sexo anatômico. E um terceiro, a necessidade de ultrapassar valores, incrustados na própria teoria feminista da época, para notar de que modo a aparente naturalidade do gênero é construída por meio da internalização de certos discursos pelo sujeito.

O pensamento ocidental enraizou, como explicamos antes, uma oposição entre as duas categorias: o sexo como um dado natural e o gênero como um fato culturalmente constituído. No entanto, para a autora, essa concepção apenas desloca o determinismo do biológico para o sociocultural, sem levar em consideração as estruturas históricas e de poder que operam sobre essas categorias.

É necessário, portanto, compreender que o sexo não é uma categoria neutra, anterior à cultura. A autora, influenciada por Foucault, pergunta se o "sexo" possui uma história. Segundo ela, os fatos aparentemente naturais ligados ao sexo são resultados de elementos discursivos. Nesse sentido, o sexo seria culturalmente tão construído quanto o gênero: "se o sexo é, ele próprio, uma categoria tomada em seu gênero, não faz sentido definir o gênero como a interpretação cultural do sexo" (Butler, 2018, p. 27).

A utilização das categorias binárias masculino/feminino para pensar o sexo, o gênero e o corpo serviria à manutenção de instituições de poder centradas no que a autora define como *falocentrismo* e *heterossexualidade compulsória*. A norma socialmente instituída é de que haja uma continuidade entre o sexo e o gênero, quando isso não ocorre, haveria uma desestabilização do sujeito e de sua identidade. O caso de travestis e transexuais é um exemplo emblemático: se há, em nossa sociedade, uma compulsão cultural para que o sexo (biológico) e o gênero (social) coincidam, entre esses grupos não há coincidência, mas uma descontinuidade entre o corpo (sexo biológico) e a identidade de gênero.

A mulher é outra categoria privilegiada para desconstruir a correlação entre o sexo biológico e o gênero. Uma das causas, como nos aponta Butler (2018), é a associação estabelecida entre o ser mulher e seus processos biológicos. Qual mulher nunca se deparou com o imperativo da maternidade? Como se apenas ao se tornar mãe a mulher se convertesse em um ser física, emocional e socialmente pleno. Ainda que muitos padrões de comportamento tenham sido modificados em função dos movimentos feministas, a vinculação entre identidade feminina e maternidade ainda é amplamente difundida.

Sabemos que um dos esforços do movimento feminista foi o de superar a vinculação da mulher aos ciclos biológicos reprodutivos. No entanto, apesar destes, Butler (2018) considera que o movimento feminista acabou por reforçar a associação entre a mulher e algum tipo de essência universal, que, no limite, tinha em comum o sexo biológico.

Butler (2018) afirma que se tornar mulher consiste em um processo de construção cultural. Para elucidar melhor essa afirmação, a autora toma de empréstimo a clássica frase de Simone de Beauvoir "não se nasce mulher, torna-se mulher", que, segundo ela, aponta que ser mulher não implica necessariamente em ser uma fêmea. Se a mulher é um constructo, não seria possível ser uma mulher em um corpo masculino? Desse modo, o próprio corpo passaria a ser um produto de significados culturais e relações sociais.

A possibilidade da não coincidência entre sexo e gênero traz algumas implicações importantes para compreender o pensamento de Judith Butler, sendo uma delas a inexistência de evidências para determinar que existam apenas dois gêneros. Ao enfatizar que existem apenas o gênero feminino e o masculino, o que se reforça é sua naturalização e a ideia de normatividade.

Judith Butler (2018) reconhece a importância da contribuição de Gayle Rubin (1975, p. 132) em identificar como o sistema sexo/gênero opera mecanismos culturais encarregados de transformar "masculinos e femininos biológicos em gêneros distintos e hierarquizados". No entanto, a autora considera que a heteronormatividade é instituída, ao passo que, em um estado anterior, haveria uma bissexualidade primária, que deveria desaparecer à medida que os papéis de gênero fossem assimilados (Rubin, 1975). Butler (2018) nos mostra que não existe um estado natural e anterior às relações sociais e espaços de poder instituídos. Ela diria, utilizando as ideias de Nietzsche, que o sujeito pré-discurso da filosofia não existe*, da mesma forma que não existe uma bissexualidade primária, como sugeriu Rubin (1975), antes da incorporação dos papéis de gênero. Portanto, não apenas o gênero e o sexo, mas o desejo e a prática sexual estão dados nas relações sociais. E é nessa direção que Butler (2018) lança mão do conceito de performatividade para examinar a construção de gênero.

É importante ter em mente que, para essa filósofa, o sujeito se constrói mediante as ações e as práticas sociais. É o que se chama de *sujeito reflexivo*. Esse sujeito só tem consciência de si por meio de situações de interação nas quais ele precisa, ao mesmo tempo, se reconhecer e ser reconhecido por alguém. Logo, podemos dizer que esse sujeito está o tempo todo sendo criado em situações de encontro, em que as relações sociais são produzidas. Os encontros provocados por essas relações são as interpelações. Nesse sentido, a identidade de gênero, para Butler (2018), é performativa, não apenas por ser forjada na ação social, mas sobretudo por ser um processo em permanente execução.

Podemos, então, afirmar que a identidade de gênero não está colada em um dado natural, inscrito no corpo biológico, mas é fabricada por meio de "atos performativos" – modos culturalmente percebidos e vividos de ser mulher e de ser homem. O gênero, para Butler (2018), apresenta ainda outras possibilidades que escapam aos padrões normativos, segundo os quais a heterossexualidade é considerada o normal. Veremos, no Capítulo 5, como o

---

*   A noção de sujeito pré-discursiva está relacionada à crítica filosófica elaborada por Nietzsche (citado por Butler, 2018) sobre a metafísica da substância, segundo a qual, a formação do sujeito reflete uma realidade anterior. Para Butler (2018), o sujeito é temporal e se constrói na ação e na relação social.

pensamento de Butler e a teoria queer oferecem a esses grupos, considerados desviantes, uma posição ativa na construção de suas identidades.

Indicação cultural

Ao longo deste capítulo, abordamos o conceito de gênero criticando a dualidade entre o binômio masculino e feminino. Ao entendermos gênero como um constructo, percebemos como esse conceito regula (ou reifica) uma série de relações de poder que se expressam nas identidades sociais. Judith Butler foi uma das principais interlocutoras desse tema, motivo pelo qual sugerimos a leitura de uma entrevista realizada com a filósofa em 2015.

BUTLER, J. Sem medo de fazer gênero: entrevista com a filósofa americana Judith Butler. **Folha de S.Paulo**, 20 set. 2015. Ilustríssima. Entrevista. Disponível em: <https://www1.folha. uol.com.br/ilustrissima/2015/09/1683172-sem-medo-de-fazer-genero-entrevista-com-a-filosofa-americana-judith-butler.shtml>. Acesso em: 1º abr. 2020.

Indicamos a leitura de uma breve entrevista realizada com Judith Butler, a fim de oferecer a você uma introdução às ideias da autora – além das aqui comentadas – que se tornou tão importante para os estudos de gênero e a teoria queer.

Síntese

Neste capítulo, colocamos em perspectiva a questão de gênero, que nos acompanhará até o final do livro. Um dos pontos principais para compreender as teorias de gênero a partir dos anos 1980 é desconstruir o binarismo entre masculino e feminino. Essa não é uma tarefa fácil, pois toda nossa cultura ocidental cristalizou uma associação entre masculino/feminino com a oposição entre homens/mulheres.

Começamos com um ponto de vista sobre o dualismo masculino/feminino baseado em duas abordagens clássicas das ciências sociais: a de Bourdieu e a de Héritier. Ambos reconhecem um olhar androcêntrico das representações sociais sobre diferenças naturais. Os valores universais atribuídos às categorias de masculino e feminino foram posteriormente criticados, tanto por antropólogas feministas quanto pelos estudos de gênero. Não desmerecemos a relevância dos trabalhos de Bourdieu e Héritier, ao contrário, em vários pontos esses autores das ciências sociais propiciaram um olhar mais abrangente acerca de gênero e do androcentrismo.

Gayle Rubin foi, sem dúvida, uma precursora ao procurar romper com a identificação do gênero com as características biológicas. O conceito de sistema sexo-gênero que ela ajudou a delinear deu impulso à emergência dos estudos de gênero, ampliando o espectro de problemáticas das teorias feministas.

É impossível falar nos estudos de gênero sem levantar também alguns tópicos centrais da obra de Michel Foucault, autor que propiciou ferramentas metodológicas adequadas para repensar quais são as relações de poder que permeiam as identidades de gênero. Já em autoras como Lauretis e Butler, notamos que há maior ênfase na discussão sobre o gênero na nossa sociedade atual, pois ambas encaram os papéis de gênero como históricos e produzidos com base em relações e situados no tempo e no espaço.

Atividades de autoavaliação

1] Sobre a relação entre masculino e feminino na sociedade cabila, ilustrada nos escritos de Pierre Bourdieu (2003), marque as assertivas com V para verdadeiro e F para falso.

( ) De forma idêntica à nossa sociedade, a sexualidade cabila está impressa em toda a vida social.

( ) A oposição binária masculino/feminino é atualizada no interior da casa cabila mediante a distinção entre público e privado.

( ) A distinção masculino/feminino opera de forma igualitária e complementar, ao contrário do que ocorre em nossa sociedade.

( ) O trabalho de Bourdieu serviu de inspiração para pensar sobre a distribuição espacial de gênero em outras realidades etnográficas.

Agora, assinale a alternativa que apresenta a sequência correta:

a) V, V, F, F.

b) F, V, F, V.

c) V, F, V, F.

d) F, F, V, F.

e) F, V, V, V.

2] Sobre o conceito de valência diferencial entre os sexos elaborado por Françoise Héritier (1996), é correto afirmar:

a) A valência diferencial entre os sexos deve ser estudada de forma contextual, pois não é possível uma comparação universal.

b) Alguns sistemas de parentesco contrariam a regra geral da valência diferencial, pois nesses casos a descendência ocorre pela linha feminina materna.

c) As diferenças entre o masculino e o feminino seriam, sobretudo, de ordem anatômica, pautadas na diferença biológica entre os corpos.

d) As diferenças entre os sexos estariam relacionadas ao exercício masculino sobre o poder reprodutivo e a fecundidade feminina.

e) A preeminência do masculino resultaria de uma suposta superioridade biológica, associada a critérios como a força física.

3] Com relação ao conceito de gênero, é correto afirmar:

a) Foi forjado na década de 1990 pela filósofa estadunidense Judith Butler.

b) Reforça a relação entre sexos biológicos e constructos sociais.

c) Um dos seus objetivos é compreender aspectos culturais que constroem gêneros.

d) Assim como o sexo biológico, o gênero se distingue entre masculino e feminino.

e) Foi contestado por Judith Butler em seu livro *Problemas de gênero*.

4] Sobre o conceito de sistema sexo-gênero, é correto afirmar:

a) O conceito está pautado na noção de performatividade das identidades de gênero.

b) Permite compreender como diferentes arranjos transformam o sexo biológico em um produto cultural.

c) Permite demonstrar as equivalências entre as características culturais e naturais dos sexos.

d) Permite romper com o dualismo ocidental que opõe natureza e cultura.

e) Possibilita compreender os critérios utilizados na divisão sexual do trabalho.

5] Com relação à construção de identidades individuais para Teresa de Lauretis (1994), é correto afirmar:

a) São constituídas unicamente pelas concepções de gênero.

b) São impostas pelas normas sociais, pois o indivíduo é um receptor passivo.

c) São constituídas por diferentes elementos, como sexo, raça e religião.

d) São produtos das relações de classe, e o gênero tem pouca importância na construção da identidade.

e) São construções subjetivas, devendo ser analisadas pela psicanálise.

Atividades de aprendizagem

Questões para reflexão

1] Tendo em vista a influência de Foucault para as teorias de gênero, redija um texto reflexivo sobre as aproximações possíveis entre as obras de Judith Butler e Teresa de Lauretis.

2] Desenvolva um pequeno texto com base nos escritos de Judith Butler sobre a relação entre a sociedade brasileira e a identidade de gênero de transexuais. Para embasá-lo, realize uma pesquisa, ainda que breve, em jornais, programas de televisão e outros, a fim de: i) compreender a realidade das pessoas transexuais nos dias de hoje; e ii) apontar avanços conquistados e retrocessos sofridos por esse grupo.

Atividade aplicada: prática

1] Como foi abordado ao longo deste capítulo, as crianças, mesmo antes de nascer, já são "generificadas", ou seja, recebem uma identidade de gênero como meninos ou meninas. Pesquise em revistas e *sites* sobre maternidade sobre os elementos utilizados pelos pais como marcadores de gênero. Procure refletir sobre a importância desses marcadores para a construção da relação entre pais/mães e filhos(as). Escreva, depois, um pequeno texto relatando suas observações.

Os estudos queer e suas implicações nas questões de gênero
[Capítulo 5]

Neste capítulo, trataremos do movimento queer, apresentando suas principais características e bases epistemológicas*. Teceremos um panorama geral para situar os estudos desse movimento em um cenário sociopolítico mais abrangente e abordaremos questões relacionadas à ideia de heteronormatividade e a regimes políticos para compreender temas como: a construção de corpos não "desviantes"; a "patologização" da homossexualidade; a emergência de outras sexualidades; e a produção de novos corpos, em especial o transgênero.

[5.1]
O queer: algumas características

Nenhuma ciência é alheia aos acontecimentos e à mentalidade de sua época. Quando falamos da Escola Sem Partido, para dar um exemplo atual, a questão não é garantir uma instituição isenta de tendências ideológicas, ou seja, neutra. Trata-se, na verdade, de priorizar determinados valores e ideologias que atendam

---

* A epistemologia é um campo da filosofia que estuda o conhecimento e a sua natureza. Uma das perguntas centrais desse campo consiste em questionar como o conhecimento é construído e quais as diferenças entre as bases do saber, da crença e do senso comum. Nesse sentido, a epistemologia feminista, por exemplo, irá questionar uma série de categorias analíticas e suas limitações para compreensão da realidade, pois estariam pautadas em uma visão androcêntrica.

a interesses particulares* em detrimento de outras perspectivas. Da mesma forma, o campo conhecido como *estudos queer* não é neutro, apresentando uma postura ideologicamente comprometida com a diversidade.

Desse modo, os estudos queer são, ao mesmo tempo, um campo de reflexão teórica e um movimento político. Duas de suas características centrais vem ao encontro das premissas dos estudos feministas: o fato de contestarem as bases do conhecimento e de buscarem identificar de que modo o saber difunde valores dominantes.

Sandra Harding (1993) considera que a crítica feminista destaca a necessidade de questionar o saber ocidental, ao mesmo tempo em que lança mão de categorias analíticas e teorias já consolidadas. Nesse sentido, até que ponto, ao torcer determinados conceitos teóricos para incluir uma perspectiva feminista, é possível compreender a realidade circundante partindo de um ponto de vista não patriarcal? Tal questionamento vem ao encontro de uma preocupação cara aos estudos subalternos**, do qual o queer

---

* Adiante voltaremos à questão da Escola Sem Partido e toda a discussão em torno da chamada *ideologia de gênero*, pois, como veremos, no Brasil houve uma forte ligação dos estudos queer com o campo da educação.

** Os chamados *estudos subalternos* têm como característica o questionamento do pensamento colonial, constituído pelos centros de poder. Tais estudos, no interior dos quais está situado o pensamento feminista e o queer, procuram uma abordagem que possibilite "dar voz" àqueles que são silenciados pelo poder hegemônico. O termo *subalterno* surgiu em meados dos anos 1970 na Índia, como referência à colonização e a construção de um saber hegemônico e, portanto, não universal.

é um dos componentes. Como podemos teorizar sem reificar a oposição entre o conhecimento e o objeto investigado, contraste que é clássico dos estudos hegemônicos? De acordo com a autora, na verdade, é preciso reconhecer a instabilidade dos conceitos e categorias teóricas, não como um processo para obter respostas, mas para com isso tornar possível propor melhores problemas:

> A vida social que é nosso objeto de estudo, dentro da qual se formam e se testam nossas categorias analíticas, está em fervilhante transformação. A razão, a força de vontade, a revisão dos dados, até mesmo a luta política, em nada poderá reduzir o ritmo das mudanças de uma maneira que encha de júbilo nossos feminismos. Não passa de delírio imaginar que o feminismo chegue a uma teoria perfeita, a um paradigma de "ciência normal" com pressupostos conceituais e metodológicos aceitos por todas as correntes. As categorias analíticas feministas **devem** ser instáveis – teorias coerentes e consistentes em um mundo instável e incoerente são obstáculos tanto ao conhecimento quanto às práticas sociais. (Harding, 1993, p. 11, grifo do original)

A aposta de Harding (1993) para elaborar uma teoria feminista em permanente devir dialoga diretamente com os pressupostos dos estudos queer. Qual é a agenda das demandas queer? Podemos dizer que se trata de um amplo movimento teórico e de transformação social que contesta as identidades rígidas e compartimentadas, as quais classificam subjetividades e corpos. O queer não está além do gênero, como afirmou Preciado (2011), mas se apropria de tais definições para questioná-las. Seu intuito é pôr em foco os padrões de normalidade. Um dos seus pilares é justamente assumir a instabilidade percebida por Harding (1993) e abrir-se a contextos em constante mudança.

O queer é contrário à categorização de sujeitos em dualismos, como: macho/fêmea (corpo biológico); heterossexual/homossexual (práticas sexuais); cisgênero/transgênero (identidade de gênero). Uma de suas preocupações é apontar para trajetórias e identidades em permanente construção e que fogem aos padrões normativos enraizados: "a política da multidão *queer* não repousa sobre uma identidade natural (homem/mulher) nem sobre uma definição pelas práticas (heterossexual/homossexual), mas sobre uma multiplicidade de corpos que se levantam contra os regimes que os constroem como 'normais' ou 'anormais'" (Preciado, 2011, p. 16).

O conceito de multidão empregado por Preciado (2011) é central para compreender os sentidos do queer e foi utilizado por Hardt e Negri (2005a, 2005b) para atribuir novos sentidos aos sujeitos sociais, diferenciando-se de denominações cujos significados são mais homogêneos, como povo, massa e classe operária. Os autores argumentam que a categoria "povo" sugere a ideia de conjunto, de identidade única. A multidão, ao contrário, é múltipla, composta por diferenças internas que não podem ser reduzidas a uma única identidade. Ainda conforme os autores, a multidão figura como uma força de combate ao sistema dominante que se articula em rede, aberta e capaz de se expandir. Na multidão, as diferenças encontram-se para se expressarem livremente, havendo troca de experiências distintas, ligadas a referências das mais variadas: de classe, de raça, de sexualidades e de gêneros múltiplos.

A multidão, para Hardt e Negri (2005a, 2005b), surge como um movimento de oposição ao *status quo*, de uma ordem globalizada, hierarquizada, que cria conflitos e desigualdades para a manutenção do poder. A esse grande mecanismo de controle os autores dão o nome de *império*. Essa noção permite entender as relações de poder e de dominação da pós-modernidade.

O capitalismo do segundo milênio está desterritorializado, e o poder não possui mais um centro: há forças difusas, porém poderosas, que penetram nas subjetividades e nas relações interpessoais. Hardt e Negri (2005a, 2005b) afirmam que a contemporaneidade possibilitou o aparecimento de duas forças: por um lado, a ordem dominante do império e seu poder regulador; de outro, a ascensão de circuitos transnacionais de cooperação. Com esses circuitos, a multidão evidencia que a globalização não dissipa as diferenças, mas traça percursos para novas interlocuções.

É nesse contexto plural que Preciado (2011), ao se referir ao movimento queer e ao contexto de seu despontar, faz uso das categorias denominadas *império sexual* e *multidão queer*, para contrapor o padrão normativo do enquadramento de corpos e identidades em categorias "normais" à emergência de sexualidades diversas e híbridas. Essas últimas, ao serem enquadradas como anormais, atuam como potências políticas para a contestação da ordem firmada.

A própria adoção do termo *queer* nos permite vislumbrar seus sentidos e referência com foco na contestação e na subversão das identidades. Há indícios da utilização da palavra *queer* desde o século XVI para designar "estranho", "diferente", "desviante". Havia em Londres até mesmo um lugar denominado *Queer Street*, onde viviam sujeitos "marginais", chamados de *vagabundos, prostitutas, pervertidos*. Com o tempo, a palavra virou um xingamento para homossexuais, transexuais e todos aqueles considerados divergentes dos modelos reconhecidos. Sua utilização ofensiva tinha o poder de sintetizar rótulos, unificando outros termos pejorativos, como "maricas", "veadinho", "sapatão" e "mulher-macho".

Em uma ação política, o termo foi incorporado como marca de identidade dos movimentos LGBTQIA+, subvertendo seus sentidos originais. Ao ser ressignificado, ele adquiriu sentidos positivos para sua comunidade. É interessante destacar aqui que a amplitude dessa palavra possibilita englobar a multidão à qual Preciado (2011) se refere.

A poetiza mexicano-americana Gloria Anzaldúa (1924-2004) foi uma feminista assumidamente lésbica e ativista do movimento queer. Sua posição triplamente marginal como mexicana, mulher e lésbica propiciou que questionasse as identidades a ela imputadas, passando a se definir como rara e indecifrável. Anzaldúa se apropriou, então, do termo *queer* para atribuir-lhe sentidos positivos, que valorizassem suas próprias singularidades. A poetiza circulou entre fronteiras estabelecidas pelas normas: ambígua, por suas origens e orientações sexuais, permitiu-se em sua expressão artística o livre trânsito entre identidades distintas. Assim, ela percebeu que a adoção de enquadramentos rígidos opera como um aprisionamento do ser (Blanca, 2017).

As produções de Anzaldúa são características da arte queer: criam provocações para pensar outras possibilidades de sexualidades, identidades e culturas. As obras transgridem os limites binários das categorias masculino e feminino, e talvez esse seja o motivo de inquietarem e gerarem perguntas, curiosidade, revolta etc. na sociedade em geral.

Não faz muito tempo a exposição Queermuseu: Cartografias da Diferença na Arte Brasileira, que percorreu diferentes capitais do Brasil em 2016 e 2017, provocou uma forte reação de segmentos mais conservadores da sociedade. O evento em Porto Alegre (2016) chegou a ser suspenso devido a uma campanha contrária maciça nas redes sociais. Os movimentos antiexposição acusaram-no de fazer apologia à pedofilia, à zoofilia e de atacar instituições religiosas (Nitahara, 2018).

Figura 5.1 – Uma das obras expostas no Queermuseu que geraram polêmica

LEITE, Bia. **Travesti da lambada e deusa das águas**. 2013. Acrílica, óleo e spray sobre tela: 100 × 100 cm.

A exposição do Rio da Janeiro, cujo espaço reservado inicialmente era o Museu de Arte Rio (MAR), foi vetada pelo então prefeito Marcelo Crivella. No entanto, um financiamento coletivo permitiu que esta fosse reaberta em outro espaço, o Parque Lage. Utilizando também a força das redes sociais, a campanha para a reabertura da exposição arrecadou mais de 1 milhão de reais em 58 dias.

O Queermuseu, segundo o curador da exposição, Gaudêncio Fidelis, apesar de influenciado pela teoria queer, trazia outras perspectivas, ligadas ao marxismo, ao estruturalismo etc. O intuito foi promover uma reflexão não apenas sobre os padrões estabelecidos de gênero e sexualidade, mas sobre os padrões normativos impressos em diferentes esferas da vida.

Quanto aos segmentos conservadores, como explicar aquela reação tão exacerbada ao Queermuseu? Considere que a ruptura com os padrões estabelecidos, morais e estéticos, desestabiliza uma orientação do que se espera das expressões artísticas. Os "héteros", entendidos aqui, não necessariamente pela sua prática sexual, como vimos no Capítulo 1, mas como signos de opressão, se veem confrontados com uma estética na qual o olhar se volta para as margens, para as fronteiras, para aquilo que a sociedade procura invisibilizar. Quando se argumenta que a arte queer possui um padrão estético duvidoso, é provável que seja porque as imagens do que se convencionou chamar *belas* (as representações de feminilidade e masculinidade) sejam postas sob outros ângulos, tirando as pessoas (o público da exposição citada, por exemplo) de suas zonas de conforto.

De acordo com Rosa Maria Blanca (2017), as exposições geralmente ocorrem sem conquistar a atenção do grande público. Pareceu mesmo haver um jogo social para produzir a invisibilidade desses "outros", geralmente incômodos ao comportamento dominante. No entanto, o mesmo movimento conservador que obteve êxito em fechar o Queermuseu em Porto Alegre, atraiu a curiosidade do grande público, após a mobilização para obter financiamento coletivo que permitisse dar continuidade à exposição. Depois de sua reabertura no Parque Lage, houve recorde de visitantes. Ao invés de colocar a exposição "dentro do armário", ela ganhou os grandes holofotes. Raramente uma exposição de arte tinha sido alvo de tanta controvérsia na história recente do país.

Retornando aos conceitos de império e multidão cunhados por Hardt e Negri (2005a, 2005b) e utilizados por Preciado (2011), podemos identificar a existência de duas forças contrárias operando no exemplo do Queermuseu: os opositores e os apoiadores da exposição. Aqui, não nos cabe julgar os críticos, mas atentar para a força de determinados padrões morais e estéticos, capazes de mobilizar uma parcela da população que se sentiu agredida com o conteúdo da mostra. Por outro lado, a exposição também revelou a multidão, uma rede de pessoas que, mesmo sem necessariamente compartilhar os princípios do queer, se articulou em seu favor, por motivos dos mais variados.

Agora que conhecemos um pouco desse universo, amplo e heterogêneo, que vem ganhando cada vez mais espaço na contemporaneidade, precisamos entender os contextos do seu surgimento. No item seguinte, explanaremos principalmente seus aspectos históricos e sua constituição como movimento de ação política. Já no item 5.3, debruçar-nos-emos sobre alguns pressupostos teóricos que viabilizaram o desenvolvimento da teoria queer.

[5.2]
O surgimento do queer

Normalmente, atribui-se aos Estados Unidos a origem da teoria queer, com o despontar dos estudos feministas e de gênero que passaram a contestar o binarismo sexual masculino (homem)/ feminino (mulher). No entanto, como aponta Miskolci (2014), a origem do queer é multissituada e global, reflexo de uma série de fenômenos sociais que se desenrolaram nas últimas décadas. Nessa direção, seria possível (e necessário) traçar linhas articulando pensadores e movimentos que contribuíram para o seu aparecimento.

A teoria queer surgiu com o espírito de transformação da ordem social vigente, motivado pelos estudos feministas e aqueles voltados às demandas de gays e lésbicas. Mas, como ação política, surgiu devido a movimentos importantes ocorridos entre o final dos anos 1960 e a década de 1980, como: a Rebelião de Stonewall (Estados Unidos, 1990); o movimento *Act Up* (Estados Unidos, 1987; Paris, 1989); a Parada do Dia da Libertação Gay de São Francisco (Estados Unidos, 1972); o Movimento de Libertação das Mulheres (França, 1972); a Frente Homossexual de Ação Revolucionária (França, 1971); *Gounies Rouge* (movimento lésbico, França, 1971), entre outros. É importante destacar que todos esses movimentos, frutos da chamada *revolução sexual* ou *contracultural*, têm como foco de atuação pautas contra a discriminação de grupos socialmente estigmatizados e a conquistas de direitos sociais (igualdade de gênero, liberdade de expressão, acesso a políticas públicas de saúde e prevenção etc.).

Richard Miskolci (2014) situa as origens do movimento queer na relação antagônica entre a chamada *revolução sexual* e a onda conservadora do início dos anos 1980. Segundo ele, a revolução contracultural fez emergir as pautas de grupos socialmente estigmatizados e invisibilizados. Ao mesmo tempo, alguns padrões de comportamentos e suas instituições passaram a ser contestados, como o casamento e a monogamia. Podemos afirmar que o discurso do "amor livre" enfatizava a construção de outros "perfis" de relacionamentos. É nesse contexto profícuo para o florescimento de novas ideias e comportamentos que os estudos feministas, gays e lésbicos ganharam força também na academia (como vimos no Capítulo 2).

Entretanto, no início da década de 1980, dois acontecimentos detiveram o que parecia ser o prenúncio de transformações sociais profundas. Por um lado, observou-se a ascensão de governos conservadores de direita, como o do presidente estadunidense Ronald Reagan (1981-1989); por outro, a partir de 1981, o mundo sofreu uma epidemia de AIDS (sigla em inglês para a Síndrome da Imunodeficiência Adquirida – *Acquired Immunodeficiency Syndrome*). Na época, ninguém sabia exatamente o que era a AIDS nem suas formas de contágio. A doença, então desconhecida, foi associada diretamente às práticas homossexuais.

Segundo Miskolci (2014), o advento da AIDS acarretou uma "repatologização" da comunidade gay. A homossexualidade fora perseguida e considerada uma doença mental entre os séculos XIX até meados dos anos 1970, e, graças à mobilização da comunidade gay, saiu dos manuais de psiquiatria nessa época. Até o início da epidemia de AIDS, houve, como aponta o referido sociólogo, um curto período de oito anos de conquistas da comunidade gay. Porém, em 1981, os avanços foram suspensos em consequência da pandemia de AIDS. Miskolci (2014), seguindo as observações de Néstor Perlongher (1987), aponta para as implicações políticas e sociológicas disso: se até então a homossexualidade era uma doença mental, a partir da década de 1980 passou a ser associada a uma epidemia e, portanto, a ser passível de "contágio social". O advento da AIDS se tornou, assim, uma justificativa perfeita para a perseguição do desejo homossexual.

O crescimento da onda conservadora e da "patologização" da homossexualidade, na década de 1980, permitiu uma espécie de "virada ontológica" nos estudos de gênero. A emergência dos estudos de gays e lésbicas na década anterior objetivava entender outras sexualidades e o comportamento desses grupos, identificando a normalidade destes, mas pouco refletiam sobre a heterossexualidade como um padrão dominante. Algo parecido ocorria com os estudos feministas: havia grande circulação de trabalhos identificando a opressão feminina, mas a "mulher" ainda era a categoria central do feminismo. Apenas com os estudos de gênero e a progressiva superação da vinculação entre gênero e sexo biológico é que a mulher, como sujeito do feminismo, passou a ser problematizada. Ao mesmo tempo, o desenvolvimento do pensamento decolonial, balizado pelos estudos subalternos, fez surgir outros feminismos, como o pensamento feminista do terceiro mundo, com os trabalhos precursores de autores como Maria Lugones (como veremos no Capítulo 6).

Desse modo, na década de 1980, as questões teóricas se deslocaram e começaram a problematizar a heterossexualidade, por influência da teoria da sexualidade de Foucault. A heterossexualidade passou, então, a ser entendida como um padrão de normalidade historicamente criado, moderando corpos e a fruição dos desejos. Os dispositivos de poder alçaram a heterossexualidade ao patamar de natural, como se a coincidência entre uma determinada anatomia, o desejo e a prática sexual fossem algo espontâneo/orgânico e todo o resto se desviasse disso, do padrão.

Por esse motivo, o livro de Judith Butler (2018), escrito no final da década de 1980, é tomado como um dos marcos da teoria queer. A autora, como mencionado, ao criticar determinados cânones da filosofia e dos movimentos feministas e lésbicos, problematiza a noção de identidade fixa a certos padrões. Butler (2018) nos mostra que o gênero passa por subjetividades, mas, ao mesmo tempo é tensionado por padrões normativos que impõem a heterossexualidade como correta/esperada.

Outro Livro, *A epistemologia do armário*, de Eve K. Sedgwick (2007), é considerado nos Estados Unidos como o fundador da teoria queer. Nesse livro, a autora explica como, mesmo após a revolução sexual e a Revolta de Stonewall (1969), não foi possível desconstruir os regimes de regulação e visibilidade das sexualidades. Segundo ela, as oposições binárias masculino/feminino são limitadores das liberdades sexuais, tanto para homossexuais quanto para heterossexuais. Apesar dos freios aos quais o desejo está submetido, é evidente que os regimes de aceitação são diferenciados, já que o desejo heterossexual possui a prerrogativa da aceitação.

Gayle Rubin (2012) também nos faz notar, por meio do que denominou **pirâmide erótica**, que a aceitação do desejo e da sexualidade funciona de maneira hierarquizada. Segundo ela:

Heterossexuais maritais e reprodutivos estão sozinhos no topo da pirâmide erótica [...] um pouco abaixo se encontram heterossexuais monogâmicos não casados em relação conjugal, seguidos pela maioria dos heterossexuais. O sexo solitário flutua ambiguamente. [...] Casais lésbicos e gays estáveis, de longa duração, estão no limite da respeitabilidade, mas sapatões de bar e homens gays promíscuos estão pairando um pouco acima do limite daqueles grupos que estão na base da pirâmide. As castas sexuais mais desprezadas correntemente incluem transexuais, travestis, fetichistas, sadomasoquistas, trabalhadores do sexo como as prostitutas e modelos pornográficos [...]. (Rubin, 2012, p. 15-16)

A pirâmide erótica descrita por Rubin enfatiza uma dimensão importante do queer. Ao contrário do que se pode pensar inicialmente, o padrão normativo não atinge apenas gays, lésbicas e dissidentes de gênero: ele afeta a todos nós. O próprio Foucault (2014a, 2014b) já indicava a centralidade da sexualidade para a ordem política, cultural e institucional.

O queer não abarca, portanto, apenas aquelas pessoas que "desviam" das normas e padrões engessados. A teoria engloba sentidos profundos de transformação social, de afrouxamento das fronteiras erigidas, e, por que não dizer, a possibilidade de projetar e concretizar outra realidade. Por isso a expressão *queer* tornou-se, além de ação política e teoria, um estilo de vida. As práticas heteroafetivas também são incluídas no queer, caso contrário, esse estaria apenas reiterando o binarismo tão criticado nos escritos de Butler (2018), Preciado (2011, 2017), Rubin (1975, 2012), Sedgwick (2007), entre outros.

A Rebelião de Stonewall (1969)

Os eventos ocorridos em Stonewall são considerados um marco na luta pelos direitos LGBTQIA+. Naquela época, a comunidade homossexual estava consternada com a morte de Judy Garland, intérprete da música *Over de Rainbow* (em português, "Além do arco-íris")*. Uma série de encontros marcava a despedida da artista. No final dos anos 1960, a vida de homossexuais e dissidentes de gênero era difícil, pois a homossexualidade era criminalizada, não havia direitos civis para esses grupos.

As violências e os abusos das autoridades policiais eram recorrentes, mas, naquela madrugada de 28 de junho de 1969, em Nova York, esses grupos resolveram resistir. Cercados por policiais, os frequentadores do bar reagiram à voz de prisão, permanecendo entrincheirados por três dias.

O episódio inaugurou o início do movimento de liberação gay, não apenas nos Estados Unidos, mas em vários países, inclusive no Brasil. Surgiu, assim, o Dia do Orgulho Gay (*gay power*), cuja bandeira do arco-íris, simbolizando a diversidade, era também uma homenagem à diva Judy Garland.

---

* A identificação dos gays com Judy Garland está associada a diversos fatores, conforme Leal (2016), sobretudo à vida conturbada dela. O primeiro deles é sua personagem no filme *O Mágico de Oz*, Dorothy, pois, para se reconhecerem como gays, diversos sujeitos se diziam "amigos de Dorothy". Além disso, outro ponto foi sua carreira repleta de oscilações e frequentes reviravoltas, que imprimiram em Judy uma imagem não conformista. A identificação com a canção em questão se deu pela importância desta na carreira da referida artista.

Stonewall incentivou o ativismo político para a conquista de direitos civis. A partir desse evento, surgiram diversas lideranças, como Harvey Milk (1930-1978), primeiro político assumidamente gay a ser eleito nos Estados Unidos, na cidade de São Francisco. Milk foi responsável pela aprovação de várias leis que garantiram direitos civis aos gays. É preciso mencionar que Milk foi morto apenas 11 meses depois de eleito por um ativista radical de direita.

Movimentos *Act Up* (1987) e *Queer Nation* (1990)

Os dois movimentos, interligados, estiveram articulados com a luta pelos direitos das comunidades LGBTQIA+, diretamente afetadas pela epidemia de AIDS.

A fundação do *AIDS Coalition to Unleash Power* (*Act Up*) em 1987 esteve diretamente associada com os grupos ativistas HIV que surgiram ao longo da década de 1980. O movimento contestava as explicações que pairavam na década de 1980 sobre a disseminação da doença, então concebida como uma "doença homossexual". As estratégias de contenção da epidemia, somadas à ausência de políticas governamentais de assistência, impactavam, sobretudo, as camadas mais pobres da população.

Nesse contexto, o *Act Up* emergiu como um movimento que articulava ativismo político, intervenções artístico-culturais e conhecimento científico. Suas manifestações eram carregadas de um tom de denúncia, pois, se a AIDS era tida como "uma doença gay", não adotar políticas de saúde pública potencialmente reduziria a população homossexual do território americano.

Quer dizer, tratava-se de uma espécie de política de extermínio legitimada/apoiada pelo Estado.

O movimento atuou, então, com uma arte engajada, mobilizando ativistas para ocupação de prédios e outros espaços. As intervenções artísticas denunciavam segmentos da sociedade que nada ou pouco faziam para o combate da epidemia.

O *Queer Nation* foi fundado em 1990 por ativistas do *Act Up* preocupados com a escalada de violência contra a comunidade LGBTQIA+. A epidemia de AIDS foi responsável por trazer à tona os preconceitos da sociedade estadunidense. Nesse sentido, o termo *Queer Nation* expressa outra nação, formada por aqueles considerados abjetos para essa sociedade (Miskolci, 2009).

Em uma das intervenções do *Act Up* em 1990, durante a parada gay circulou o *Manifesto Queer Nation*, o qual denunciava como os padrões heteronormativos da sociedade americana operavam uma série de violências contra gays, lésbicas e travestis dissidentes de gênero. O manifesto, do qual trazemos um excerto a seguir, ao focar nas violências sofridas pela comunidade LGBTQIA+, inseria a AIDS como um processo de controle biopolítico:

> Os heterossexuais são o inimigo. São o inimigo quando não reconhecem a sua invisibilidade e continuam a viver e a contribuir para uma cultura que te mata. Todo dia uma de nós é levada pelo inimigo. Seja numa morte por AIDS devido à omissão de um governo homofóbico ou num ataque a lésbicas em algum bar noturno (em uma vizinhança supostamente lésbica), estamos sendo sistematicamente linchadas e continuaremos sendo descartadas a menos que entendamos que se levaram uma de nós terão de levar todas nós. (Romero, 2016, p. 3)

A Revolução de Stonewall é um marco por condensar uma série de valores característicos do período: de um lado, uma cultura ou um estilo de vida gay que tomava contornos mais definidos; de outro, uma forte repressão dos segmentos conservadores da sociedade. Os eventos ocorridos em Stonewall deram vazão a um movimento estruturado para a busca de direitos sociais dos segmentos gays e lésbicos. Note que, naquele momento, ainda não se falava em um *movimento LGBTQIA+*, termo que se tornaria conhecido anos mais tarde, após outras mobilizações, igualmente poderosas, encadeadas a partir dos anos 1990.

Nessa época surgiram os movimentos em resposta à escalada de violência contra a população LGBTQIA+, resultado dos temores despertados com a pandemia de AIDS. Houve uma forte omissão do Poder Público, por exemplo, em relação às políticas de saúde, pois havia forte vinculação entre a AIDS e a população gay (e LGBTQIA+ em geral). Ou seja, padrões (ou comportamentos) tidos como desviantes seriam a causa da doença. Como resposta, houve uma grande mobilização associando intervenções artísticas, ocupação de espaços públicos, divulgação de material de esclarecimento etc. Foi nesse cenário adverso que o queer nasceu simultaneamente como movimento social, político e intelectual.

[5.3]
Bases epistemológicas dos estudos queer

Em 1990, Teresa de Lauretis utilizou pela primeira vez a expressão *teoria queer* como uma forma de conferir destaque a um tipo de pensamento analítico que estava se desenvolvendo. Tal pensamento se opunha às teorias sociológicas e sociais hegemônicas. Como vimos, o termo *queer*, sem tradução para o português, não foi escolhido à toa: ele ressalta as características singulares de grupos socialmente marginalizados por estarem fora da norma fixada. A adoção desse termo para um conjunto de abordagens teóricas esclarece não apenas qual o objeto da reflexão, mas as conexões teóricas a serem efetuadas.

O conjunto de estudos denominado *teoria queer* tomou como objeto de análise a questão da sexualidade e do desejo como problemática para compreender as relações sociais. A relevância dessa questão foi conferida anteriormente pelos estudos de Foucault (2014a), os quais apontavam que a sexualidade, longe de ser um assunto periférico, constituía, desde o século XVIII, um processo central nas relações poder do Ocidente. Foucault (2014a) criou uma série de conceitos, os quais foram incorporados e refinados para abordar temas caros à teoria queer. Desse modo, noções como biopoder (normativo) e anátomo-política (disciplinar) permitiram à teoria queer investigar as relações por trás da construção dos corpos e das identidades.

De modo geral, as noções de **biopoder** e **anátomo-política** são utilizadas para analisar como corpos, enquanto processos vitais, são disciplinados e normatizados. Enquanto a anátomo--política produz uma série de mecanismos que visam disciplinar aquilo que o indivíduo tem de mais íntimo: seu corpo, o biopoder intervém na própria vida dos seres humanos. O biopoder, para Foucault (2014a), está associado aos Estados modernos, quando o controle da vida passou a ser exercido por meio de diferentes dispositivos, como a adoção de políticas públicas de saúde: controle de natalidade, prevenção da AIDS, entre outros.

Quando anteriormente mencionamos que, durante a epidemia de AIDS, na década de 1980, movimentos como o *Act Up* denunciavam a falta de adoção de políticas públicas eficazes para a prevenção da AIDS – concebida na época como uma "doença gay" –, citamos uma questão da biopolítica. Naquele caso, nem todas as vidas mereciam ser salvas. A AIDS era, assim, usada como um instrumento para selecionar/controlar sujeitos "ilegítimos".

Vimos também que o *Act Up* se organizou como um movimento contrário ao Estado, alertando para o fato de ser imprescindível a mudança nas políticas públicas deste. Para tanto, a fim de se manifestar e exigir o atendimento de demandas da comunidade, o movimento se utilizou de várias estratégias, como a ocupação de espaços urbanos. Ao analisar a atuação do *Act Up* podemos compreender as críticas que Paul B. Preciado (2011, p. 12) faz a Foucault: a noção de biopolítica é um ponto de partida importante, mas remete apenas aos mecanismos de normalização e não pondera que "as identidades e os corpos dos anormais são potências políticas". A mobilização do *Act Up* exerceu uma ação transformadora não apenas na sociedade americana, possibilitando mudar também as percepções sobre o vírus HIV, as formas de contágio deste e a adoção de políticas públicas a esse respeito.

Outro autor que influenciou as bases da teoria queer foi Jacques Derrida, sobretudo com a obra *Gramatologia* e o método desconstrutivista. Em linhas gerais, a desconstrução, para Derrida (2013), não pode ser pensada como uma destruição, mas como uma desmontagem: uma coisa é portadora de múltiplas realidades e ao descontruir o objeto de conhecimento, é possível entender essas realidades. O método de Derrida objetiva encontrar, dentro de cada unidade de sentido, seu princípio formador, chegando assim a sua desconstrução. Se, como afirmam os teóricos queer, as regulações contemporâneas sobre os corpos e o desejo produzem determinados padrões de normalidade, o método desconstrutivo possibilita visualizar os processos de sua construção.

A suplementaridade foi outro conceito de Derrida (2013) adotado pelo queer para tratar dos padrões de normalidade. Essa abordagem pressupõe ainda a existência de determinados padrões hegemônicos, pautados na heterossexualidade. No entanto, a normalidade só se constrói na existência de um oposto, no caso da sexualidade: a produção do desviante, daquele que é portador de uma descontinuidade entre sexo, gênero e desejo. O homossexual foi uma categoria assim constituída como a oposição privilegiada do heterossexual.

Derrida (2013) atenta para a existência de binômios, ou, melhor, dicotomias que constroem o pensamento ocidental. Desse modo, é um empreendimento caro à teoria queer mostrar como as dualidades são construídas para poder superá-las. Como mencionado antes, Judith Butler (2018) irá abordar a necessidade de desconstruir a oposição sexo/gênero. No entanto, sua clássica obra *Problemas de gênero* não poderia deixar de tratar como as relações de poder operam na oposição entre heterossexualidade/homossexualidade.

Miskolci (2007) alerta para o fato de que autores considerados precursores do queer (como Eve Sedgwick, Gayle Rubin e Michael Warner) também destacaram as relações de poder presentes no binômio heterossexual/homossexual. Nesses trabalhos, os autores privilegiaram os mecanismos que configuram a heterossexualidade como um padrão hegemônico em diferentes dimensões da vida moderna: no ideal de família, na estética do cinema, nas obras literárias etc.

Mais do que hegemônica, a heterossexualidade é concebida como algo natural, anterior ao desejo e atrelada ao sexo anatômico. O empreendimento de desconstrução desse ideário dominante trará um tratamento sobre os processos de constituição dos corpos (Item 5.4) e do sujeito.

A teoria queer segue alguns dos pressupostos de Nietzsche, elaborados pelos filósofos do pós-estruturalismo Foucault (2014a, 2014b) e Derrida (2013). Para Nietzsche (citado por Butler, 2018), o sujeito está em processo de mudança permanente. Essa ideia, recuperada em Derrida (2013), situa o sujeito formado por uma pluralidade de relações, concepção de sujeito que abre espaço para aqueles localizados fora da norma, que, pela sua posição marginal, também são criadores em potencial.

O sujeito na teoria queer não poderia ser concebido como algo estável e fixo; ele é construído permanentemente, pautado em diferentes experiências e identidades, digamos, transitórias. Esse posicionamento marca o contraponto do queer em relação às teorias construtivistas das ciências sociais, para as quais a identidade do sujeito é estável e marcada por posições fixas dentro da ordem social. No pensamento queer, as classificações sociais são mecanismos normatizadores para o enquadramento e, também, o controle do sujeito.

Uma das críticas da teoria queer às ciências sociais é sua falta de reconhecimento acerca da centralidade da sexualidade e do desejo na construção das sociedades contemporâneas. Seja pelo tipo de abordagem sobre a realidade, seja por suas preocupações teóricas, a teoria queer se aproximou dos estudos culturais e pós-colonialistas. Nesses estudos, conhecidos como *estudos subalternos*, as relações de poder ocupam um lugar de destaque.

> No pensamento queer, as classificações sociais são mecanismos normatizadores para o enquadramento e, também, o controle do sujeito.

Há uma ênfase na compreensão entre o poder e a constituição das diferenças de raça, de gênero e de etnia.

A proximidade da teoria queer com os estudos culturais ofereceu à primeira uma progressiva ampliação do seu objeto de estudo. Assim, embora a teoria queer mantenha a centralidade sobre a questão da sexualidade, abriu caminho para o diálogo com a sociologia contemporânea, incorporando elementos sobre globalização, imigração e deslocamentos em massa, discriminação racial, entre outros.

Miskolci (2007) considera que uma das aproximações profícuas entre os estudos pós-coloniais e a teoria queer é a intersecção entre sexo e raça: como operam os mecanismos de sexualização da raça e racialização do sexo. A aproximação entre as categorias *raça*, *gênero* e *sexualidade* é interessante, pois todas não partem de uma natureza preexistente, mas são constituídas por forças sociais em contextos distintos. A raça, por exemplo, é uma herança da escravidão. Eric Williams (2012) chama atenção para o fato de que o racismo é fruto do sistema escravista, e não o contrário.

As categorias *gênero*, *sexualidade* e *raça* são responsáveis pela elaboração de padrões ideais (masculino, heterossexual e branco) em detrimento dos subalternos (feminino, homossexual, negro).

Para exemplificar como a intersecção entre raça e gênero funciona, basta pensarmos no papel que a "mulata" ocupa no imaginário nacional. Há uma identificação direta entre a "mulata" e o sexo. Seu corpo é bastante explorado nas mais variadas expressões artísticas, não como um ideal de beleza, mas como uma personificação do erotismo e do desejo. Note que a produção desse imaginário coloca a "mulata" em uma posição permanentemente subalterna: sempre disponível sexualmente para satisfazer as fantasias heterossexuais dos "senhores" brancos.

[5.4]
Repensando corpos, visibilidade e outras sexualidades

Judith Butler (2018) afirma em seu livro *Problemas de gênero* que as pessoas só se tornam inteligíveis ao adquirirem um gênero. A pergunta que Butler coloca é em que medida a identidade é um ideal normativo, ao invés de ser o resultado da experiência. Para aprofundar essa questão, apresentaremos aqui algumas das ideias de Paul B. Preciado (2017), que, ao tratar dos padrões normativos, reflete como os padrões heteronormativos influenciam as maneiras de ser e estar no mundo.

Baseando-se no pensamento de Foucault, Preciado (2017, p. 22) afirma que o termo *contrassexualidade* se coloca como uma alternativa à produção disciplinar da sexualidade moderna, uma vez que propõe a "desconstrução sistemática da naturalização das práticas sexuais e do sistema de gênero". O autor apresenta os princípios da sociedade contrassexual, os quais implicam em desconstruir as marcas de gênero e suas classificações binárias (masculino e feminino). O sistema heterocentrado, marcado pela centralidade do pênis na elaboração da sexualidade e das experiências sexuais, precisa ser desconstruído, cedendo lugar às práticas hoje consideradas subversivas.

A proposição desse autor nos fala muito sobre aspectos do queer na qualidade de teoria e prática política de resistência e insubordinação às relações de poder. Os padrões normativos ditam também uma conduta heterossexista que não é assimilada somente nas relações heteroafetivas, mas também nas homoafetivas. Miskolci (2007) chama atenção para o fato de que o binômio ativo/passivo, como marcador de relacionamentos gays, replica em outro nível os padrões hierárquicos normativos.

O queer, nascido em um ideário de transformação social, muitas vezes se mostra contrário às práticas assimilacionistas, como casamento gay e a constituição de núcleo familiar. Uma das razões é que adotar essas práticas implica em aceitar a ordem vigente e se subordinar a ela. O casamento gay, por exemplo, consiste em reproduzir uma instituição estabelecida: o matrimônio, aceitando que se trata de uma instituição ideal ou natural ao invés de contestá-la.

O *Manifesto contrassexual* de Preciado (2017) parte da compreensão dos mecanismos que naturalizam a ordem vigente, incitando-nos a repensá-la. Segundo ele, é preciso decretar o fim da natureza como uma ordem que subordina os corpos. Os corpos não podem ser reduzidos a uma oposição entre masculino e feminino, são tecnologias: construídos, reconstruídos, pensados e também repensados.

Para Preciado (2011), há uma distinção entre o corpo *straight* e os "outros" corpos: o primeiro internaliza a naturalização da sexualidade – trata-se de um corpo territorializado, no qual cada órgão tem sua função; já os segundos são os corpos contrassexuais, que devem se situar fora das dicotomias estabelecidas (homem/ mulher; homossexualidade/heterossexualidade). Esse último é um corpo desterritorializado, no qual a sexualidade é inventada, sendo capaz de transitar por diferentes formas.

A contrassexualidade tem por objeto de estudo o entendimento dos corpos como transformações que operam uma generificação dos corpos, domesticados para se adequarem ao que se denominou *ordem heterocentrada*. A sexualidade e o gênero fazem parte de uma sociopolítica complexa que diferencia hierarquicamente grupos. Consideramos que tais distinções podem ser expressas nas seguintes oposições hierárquicas: homens>mulheres; heterossexuais>homossexuais; homossexuais>transexuais.

Para Preciado (2011), a inscrição do gênero no corpo faz com que ele não seja meramente performativo, como propunha Butler (2018): ele é, antes, protético. Nesse sentido, o gênero se fixa de forma material e orgânica ao corpo do sujeito. Note que, se há uma discussão sobre a oposição entre sexo (natural) e gênero (cultural) que é desconstruída por Butler (2018) em favor da ideia de *performance* e, portanto, de constructo social, em Preciado (2011), o gênero é inscrito no corpo, mas de uma maneira diferente. O corpo físico é em si mesmo uma tecnologia: os corpos são materiais e, portanto, o gênero se torna orgânico, social e físico, resultado de uma sociopolítica, mas cujas dimensões são indissociáveis.

Vamos dar um exemplo para elucidar o que Preciado (2017) está tentando nos dizer e para concluir nossa explanação. A menina, desde antes do nascimento, é generificada: roupas de determinada cor, brincos, brinquedos adequados, um determinado corte de cabelo e assim por diante. Ora, a menina também aprende aos poucos, e de forma muitas vezes subjetiva, um modo de se comportar: de correr, de sentar, de brincar. Tudo isso a torna uma menina. Mas todo esse aparato não é dado apenas para que os outros reconheçam nela um gênero determinado; antes, é para que ela se reconheça nesse gênero. O seu corpo se torna o gênero a ela vinculado.

Indicações culturais

Neste capítulo, tratamos dos chamados *estudos queer* e de seu permanente questionamento sobre uma ordem social (e sexual) centrada na heterossexualidade, no controle dos corpos e na submissão do desejo. Para ilustrar melhor nossa argumentação, recomendamos o documentário *Laerte-se*, que conta a transição de gênero de Laerte Coutinho. Outra produção audiovisual que indicamos é *Problemas femininos*, cujo caráter performativo influenciou a obra de Judith Butler.

LAERTE-SE. Direção: Eliane Brum e Lygia Barbosa da Silva. Brasil: Netflix, 2017. 100 min.

O documentário conta a história da famosa cartunista Laerte, reconhecida desde os anos 1960. Tendo vivido sua vida inteira como homem, foi casada e pai de três filhos, porém, aos 57 anos, assumiu sua transexualidade e passou a se identificar como mulher.

PROBLEMAS femininos. Direção: John Waters. EUA, 1974. 99 min.
O enredo desse filme foi utilizado por Judith Butler em seu livro *Problemas de gênero* para tratar do conceito de performatividade de gênero. A produção conta a história de Divine (ícone *cult* e musa travesti do diretor John Waters), uma adolescente que foge de casa para experienciar uma vida de prazeres libertinos. Segundo Butler (2018, p. 9), "a performance dela/dele desestabiliza as próprias distinções entre o real e o artificial".

Síntese

Neste capítulo, procuramos apresentar de forma sintética alguns aspectos do queer. Situamos o queer para além de uma teoria acadêmica, discorrendo sobre aspectos de seu engajamento e sua ação política, além de suas manifestações artísticas. Ao tratar do contexto histórico de seu surgimento, analisamos um pouco mais a noção de sexualidade como um dispositivo de poder, complementando o trabalho feito no Capítulo 4.

A história do queer surgiu quando se buscava remodelar a realidade para que se tornasse igualitária, como em outros contextos retratados ao longo deste livro, até que se sucedeu uma pandemia de AIDS em meados dos anos 1980. Com a AIDS, a homossexualidade e as dissidências de gênero acabaram por ser "repatologizadas". Apesar disso, os movimentos sociais em defesa dos direitos das minorias adquiriram um novo fôlego.

No campo acadêmico, podemos situar o queer como um movimento teórico inovador, cujo impacto foi transformador para as abordagens e teorias feministas. Com ele, a categoria *mulher* como sujeito do feminismo foi contestada, abrindo caminho para novos diálogos, como veremos no Capítulo 6.

No Capítulo 4, acompanhamos o esforço dos estudos de gênero para superar as dicotomias sexo/gênero. Neste capítulo, demos alguns passos iniciais para compreender que dimensões como a prática sexual e o desejo, aparentemente íntimas e naturais, são, na realidade, produto de políticas fundamentais na sociedade moderna. Ao reconhecer a centralidade do sexo e do desejo, o queer promove uma reflexão a respeito do que é natural, orgânico ou fruto de escolhas pessoais.

Atividades de autoavaliação

1] A respeito do conceito de multidão formulado por Hardt e Negri (2005a, 2005b), é correto afirmar:

a) Faz uma releitura do conceito marxista de classes sociais.

b) Indica grupos particulares que possuem identidades similares.

c) Contrapõe-se à ideia unitária de povo, indicando pluralidades.

d) Faz referência às comunidades gays e lésbicas da década de 1970.

e) Se contrapõe às singularidades culturais presentes no conceito de povo.

2] Neste capítulo, vimos que a poetisa Gloria Anzaldúa foi uma das primeiras a utilizar o termo *queer*, que foi por ela empregado como:

a) forma de empoderamento para sintetizar suas características singulares e exóticas.

b) depreciativo, para destacar o caráter marginal dos imigrantes de origem mexicana.

c) forma de denúncia da crescente onda de expressões artísticas consideradas pervertidas.

d) um marcador de uma identidade de gênero fixa em padrões sexuais desviantes da norma.

e) um termo preconceituoso que acentua o estigma sobre a população LGTBQIA+.

3] Considera-se que a teoria queer nasceu em meados dos anos 1980. Sobre os contextos históricos e sociais do surgimento dessa teoria, é correto afirmar:

a) Esteve relacionada ao período progressista que marcou a década de 1980.

b) Foi impulsionada pela vinculação da comunidade gay à epidemia de AIDS.

c) Estigmatizou cronicamente as comunidades gay e lésbica e está relacionada à Revolução de Stonewall.

d) Ocorreu nos Estados Unidos após a primeira parada gay, realizada em São Francisco.

e) Foi forjada pelo movimento feminista radical em meados dos anos 1960.

4] A teoria queer se coloca como uma crítica em relação aos processos de normatização do sujeito. Considerando essa afirmação e o exposto neste capítulo, assinale a alternativa correta quanto aos temas centrais da teoria queer:

a) Sexualidade e etnicidade.

b) Identidade e homossexualidade.

c) Cultura gay e luta de classes.

d) Sexualidade e desejo.

e) Raça e classe.

5] Considera-se que a teoria queer foi fortemente influenciada pela filosofia e pelos estudos culturais, em especial pelo:
a) conceito de sexualidade de Derrida.
b) conceito antropológico de cultura.
c) desconstrutivismo de Derrida.
d) conceito de suplementaridade de Foucault.
e) conceito de dominação masculina de Bourdieu.

Atividades de aprendizagem

Questões para reflexão

1] Com base nos conteúdos e conceitos trabalhados neste capítulo, produza um pequeno texto reflexivo respondendo a seguinte questão: Por que práticas heteroafetivas também podem ser queer?

2] Leia atentamente o fragmento de texto a seguir:

"O gênero é a estilização repetida do corpo, um conjunto de atos repetidos no interior de uma estrutura reguladora altamente rígida, a qual se cristaliza no tempo para produzir a aparência de uma substância, de uma classe natural do ser" (Butler, 2018, p. 69).

Em seguida, explique com suas palavras de Butler (2018) o exposto no trecho.

Atividades aplicadas: prática

1] Procure por reportagens, de variados momentos históricos, que abordem os casos de AIDS e a disseminação do vírus HIV em diferentes partes do mundo. Em seguida, monte uma linha do tempo analisando o teor desse material e os valores morais impressos nas matérias.

2] Recentemente, o Supremo Tribunal Federal (STF) considerou por 10 votos que a homofobia deve ser criminalizada. A pauta ainda não foi legislada no Congresso devido às opiniões controversas entre os senadores. Até que o seja, o Supremo* decidiu que ela deve ser enquadrada na Lei n. 7.716, de 5 de janeiro de 1989, que trata dos crimes de racismo. Com base nessas informações, realize uma pesquisa sobre os principais argumentos utilizados para sustentar a decisão do STF de criminalizar os casos de homofobia.

---

* Decisão tomada em 13 de junho de 2019. Você pode saber mais a respeito acessando: <http://www.justificando.com/tag/criminalizacao-da-homofobia/>. Acesso em: 13 abr. 2020.

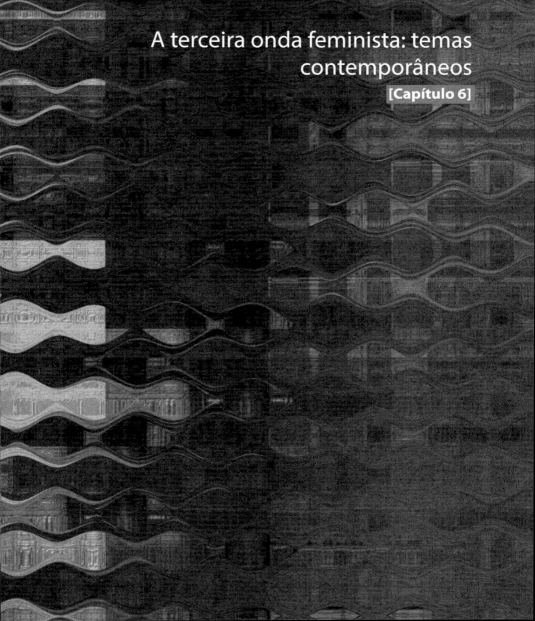

A terceira onda feminista: temas contemporâneos
[Capítulo 6]

A finalidade deste capítulo é propor uma reflexão sobre questões atuais acerca do feminismo e de gênero, tratando das novas dinâmicas do movimento em questão. Iniciaremos com o questionamento do chamado *pós-feminismo* sobre a "mulher" como sujeito do feminismo e veremos alguns dos efeitos resultantes da articulação entre as problematizações do feminismo e do pós-colonialismo.

Não seria possível deixar de abordar, ainda, como os movimentos feministas se transnacionalizaram por meio da ocupação do ciberespaço. Para compreender melhor a apropriação que esses movimentos fizeram das redes sociais, partiremos de dois exemplos significativos em nossa experiência recente: os movimentos #metoo e #elenão.

Outro ponto importante e atual na sociedade brasileira remete ao desenvolvimento dos estudos de gênero no país e sua proximidade com o campo da educação. Fundamentando-nos, de início, nos trabalhos de Guacira Lopes Louro, faremos, por fim, uma breve reflexão sobre a discussão de gênero no ambiente escolar.

[6.1]
Terceira onda ou pós-feminismo

*É preciso uma enorme energia e coragem para não aquiescer,
para não se render a uma visão de feminismo que ainda torna a
maioria de nós invisível.*

Glória Anzaldúa (2000, p. 231)

Uma espécie de "terceira onda feminista" teria surgido em meados dos anos 1980, como um contraponto às pautas feministas das décadas de 1960 e 1970. Esse movimento também foi chamado de *pós-feminismo*, por criticar determinados aspectos do pensamento feminista, como: a centralidade da mulher como categoria do feminismo; a ideia de uma opressão feminina que ocorre de maneira universal; e a existência de uma perspectiva colonial de gênero (Lugones, 2014).

Não por acaso, Judith Butler (2018) inicia seu livro *Problemas de gênero* com uma provocação: a autora se pergunta se as questões de gênero poderiam levar a um fracasso do feminismo. Segundo ela, colocar o problema no centro do debate pode, na verdade, também ser promissor, oferecendo assim novos caminhos e abordagens possíveis para superá-lo. E foi o que, de fato, aconteceu ao feminismo quando o desenvolvimento das teorias de gênero, dos estudos culturais e pós-coloniais apontou para a necessidade de cruzar diferentes pautas. Ao invés de reforçar as concepções universalizantes sobre a "mulher", iniciou-se um movimento de "produção transversal das diferenças" (Preciado, 2007).

A partir da década de 1990, as abordagens do movimento tornaram-se cada vez mais abrangentes, sobretudo com o reconhecimento da importância de se estabelecer intersecções com outras identidades e referências, em especial, de raça, de etnia, de classe e de cultura. Tais questionamentos atentaram para a existência de alguns pressupostos coloniais contidos em uma visão universalizante do feminismo (Butler, 2018; Davis, 2017; Preciado, 2007).

A acusação de que a teoria feminista, por vezes, reiterou o ideário do colonizador se baseia em alguns aspectos, dentre eles está a própria história do movimento. Angela Davis (2013) nos mostra como o movimento sufragista nos Estados Unidos, por exemplo, foi marcado pelo racismo de várias mulheres brancas, que assistiram indignadas a aprovação da 15ª Emenda, em 1870, a qual dava direito ao voto a todos os cidadãos, sem distinção de cor, mas não especificava nada quanto ao sexo do eleitor. Assim, parte do movimento de mulheres, que havia se engajado antes na luta antiescravatura, reafirmou as distinções de raça ao se perceber em uma posição desvantajosa em relação ao homem negro em termos de direitos civis[*].

Davis (2013), em seu famoso livro *Mulheres, raça e classe*, reforça um ponto relevante: as experiências das mulheres negras, das mulheres brancas proletárias e das mulheres brancas burguesas eram diferentemente marcadas. Por isso, as situações de opressão e os interesses colocados em pauta por estas eram bastante distintos. O próprio significado do sufrágio, como vimos no Capítulo 1, mudava segundo a posição social do sujeito. Haveria algum ponto de convergência que pudesse unir essas diferentes vozes?

---

[*]   Para maiores referências, ver Capítulos 1 e 3.

Ora, Butler (2018) chama atenção para a necessidade de criar mecanismos, caminhos, atalhos nos quais seja possível afirmar identidades diferentemente constituídas, mas nunca fixas. Porém, no final do século XIX e início do século XX, no período do sufrágio, o que se presenciou foi uma representação de vários sujeitos em torno de uma categoria única: a mulher. A multiplicidade de vozes estava, de certo modo, silenciada/apagada, privilegiando uma causa contra a qual lutar: a opressão masculina. Acerca disso, Butler (2018, p. 39) diz que

> esse gesto globalizante gerou certo número de críticas da parte das mulheres que afirmam ser a categoria das "mulheres" normativa e excludente, invocada enquanto as dimensões não marcadas do privilégio de classe e de raça permanecem intactas. Em outras palavras, a insistência sobre a coerência e unidade da categoria das mulheres rejeitou efetivamente a multiplicidade das interseções culturais, sociais e políticas em que é construído o espectro concreto das "mulheres".

Nesse sentido é que o conceito de **interseccionalidade** sinaliza a necessidade de se entrelaçar múltiplas formas de diferenciação social, considerando, assim, a sobreposição de identidades e os sistemas de opressão. Como coloca Preciado (2007), não se trata meramente de tratar especificidades raciais ou étnicas como variáveis da opressão; antes, é preciso perceber as constituições mútuas entre elas. Afinal, como bem afirmou Butler (2018, p. 21): "se alguém 'é' uma mulher, isso certamente não é tudo o que esse alguém é".

É nesse ponto que a crítica feminista se apoia nos chamados *estudos decoloniais* a fim de elaborar análises críticas referentes aos conceitos de gênero, em especial, para a zona geográfica que nos interessa, para o contexto latino-americano. O conceito de colonialismo surgiu a partir da ocupação de territórios distantes pelo avanço europeu. O sistema de dominação implantado nesses territórios teve êxito pela incorporação do elemento cultural, ou seja, devido à construção de um imaginário no qual a civilização residia nas metrópoles e todos os demais povos eram considerados incultos, atrasados. Assim, justificava-se a necessidade de dominar como forma de civilizar. A construção colonial atuou nas mais diferentes dimensões da vida: na imposição da linguagem, dos saberes e até mesmo da narrativa histórica. Com a emergência dos estudos decoloniais, teve início uma intensa reflexão sobre a colonialidade do poder (dimensão política) e dos saberes (produção do conhecimento).

A argentina María Lugones (2008, 2014), ao ter contato com o pensamento decolonial, passou a questionar os aspectos eurocêntricos das discussões sobre gênero. Seu conceito de colonialidade de gênero destaca a importância de se ter em conta diferentes dimensões para compreender o contexto latino-americano: primeiramente, é preciso considerar que a noção de gênero, sobretudo a divisão binária da sociedade, é eurocêntrica, pois desconsidera a construção de múltiplas realidades e a forma de classificar o mundo que já estavam presentes na América pré-colombiana. Segundo Lugones (2014), o entendimento do gênero em contextos coloniais deve, então, articular múltiplas dimensões: raça, classe e sexualidade.

Em 2019, presenciamos, no Brasil, a Primeira Marcha Nacional das Mulheres Indígenas, a qual atraiu lideranças de todo o país. O encontro dessas mulheres com a Marcha das Margaridas – trabalhadoras rurais que se organizam para ocupar as ruas desde o ano 2000 – foi emblemática, tanto em termos do protagonismo dessas mulheres quanto na relativa falta de divulgação do evento pela grande mídia. A marcha das mulheres indígenas e camponesas nos convida a refletir acerca de como o pensamento colonial dá visibilidade a determinadas mulheres e tende a "silenciar", a apagar outras.

A respeito do movimento das mulheres indígenas, a entrevista de Sônia Guajajara, concedida em 2016 ao Instituto Socioambiental, também é simbólica. Quando questionada sobre o contexto da luta indígena e os desafios do protagonismo feminino, Guajajara (2016) respondeu:

> Embora tenham muitas lideranças ativas e empoderadas, ainda somos um número muito pequeno de mulheres que consegue ir além do espaço da aldeia. E a gente precisa cada vez mais tentar chegar mais junto e ocupar e fazer com que a voz da mulher seja escutada, não só dentro da nossa própria terra como fora também. [...] Precisamos dar conta de dois desafios. Primeiro conquistar o espaço e depois manter esta credibilidade, esta confiança junto aos nossos povos, e também sensibilizar a sociedade. A gente já enfrenta o preconceito duas vezes: por ser indígena e por ser mulher.

Outro problema significativo do pós-feminismo é que tomar a mulher como categoria do feminismo reforça uma visão biológica, replicando um pensamento marcadamente heterossexual

(Butler, 2018; Preciado, 2007). Isso ocorre, sobretudo, em um tipo de argumento pautado na distinção simbólica fundada na lógica binária masculino/feminino. Vimos no Capítulo 4 como essa lógica aprisiona corpos em identidades sociais, em um dualismo que, no limite, naturaliza determinadas concepções.

Nos anos 1990, algumas posições começaram a ser questionadas. Se, como argumenta Lauretis (1994), a categoria *mulher* é o sujeito político do feminismo, como ficam as transgêneros nessa arena política? Segundo Preciado (2007), um momento importante de revisão de perspectiva ocorreu quando a transexual Nancy Jean Burkholder foi impedida de cantar no Festival de Música das Mulheres de Michigan, em 1991. Com isso, ficaram as dúvidas: Quais seriam os critérios para definir uma mulher? O sexo anatômico? Esses questionamentos conduziram a uma série de transformações, ainda em curso para pensar as identidades.

Cabe aqui destacar que foi nesse período do final do século XX que vimos a pós-modernidade criticar determinadas categorias do conhecimento, dentre as quais o sujeito e a mulher. Se, por um lado, como apontou Carla Rodrigues (2005), isso poderia parecer injusto inicialmente – pois, no momento que a mulher adquire visibilidade na arena pública, sua identidade na qualidade de sujeito do feminismo passa a ser contestada –, por outro, também é uma oportunidade de reconsiderar papéis. A consolidação de uma identidade fechada em torno da categoria *mulher* vai

> Tiburi (2018) coloca que o feminismo não é uma luta de mulheres, mas, como reiteramos ao longo deste livro, um movimento de todos para a construção de outro modelo de sociedade e solidariedade que se acredita alcançável.

contra o próprio movimento feminista, que se fundamenta na busca por abrir espaços de fala para vozes silenciadas.

Tiburi (2018) coloca que o feminismo não é uma luta de mulheres, mas, como reiteramos ao longo deste livro, um movimento de todos para a construção de outro modelo de sociedade e solidariedade que se acredita alcançável.

[6.1.1]
Os feminismos plurais: o caso da viagem de Angela Davis ao Egito

Em uma breve, mas inspiradora passagem pela cidade do Cairo (Egito) em 1973, Angela Davis (2017) nos faz analisar com atenção a relação entre diversidade e feminismo. Na ocasião, Davis[*] deveria tecer algumas considerações sobre a dimensão sexual e a busca por igualdade. No entanto, ao abordar tal tópico em uma reunião com representantes do movimento feminista egípcio, foi alvo de críticas. Davis tinha consciência de que o tema iria gerar fortes reações, sobretudo quando tocasse na questão da mutilação genital feminina.

Tal reação das egípcias, porém, não se deveu ao tema em si, mas sim ao fato de que o colocar em pauta reproduzia uma mentalidade colonial, trazia uma grande preocupação que era, na verdade, das "mulheres brancas" do Ocidente, e não a das orientais. Segundo elas afirmaram, parecia haver uma grande preocupação com as adversidades enfrentadas pelas mulheres no oriente, entretanto, as

---

[*]   Publicado originalmente por Angela Davis em 1985 e republicado no livro *Mulheres, cultura e política* (2017).

discussões vistas como relevantes eram eleitas com base em uma perspectiva exterior. Quer dizer, as mulheres ocidentais não se dedicaram a investigar quais de fato eram as questões relevantes ou prioritárias para as egípcias.

Havia na época, no Egito, um movimento progressista contra as desigualdades econômicas e políticas, as quais tornavam as mulheres dependentes de uma "tutela" masculina. De acordo com elas, era mesmo impossível abolir a circuncisão feminina sem antes avançar na conquista de direitos civis e políticos: inserção no mercado de trabalho; acesso à educação e aumento do índice de alfabetização; mudança da posição que a mulher ocupava no interior da estrutura familiar etc.

Apesar dos cuidados tomados ao falar do tema, a resistência encontrada à ideia de uma "mulher universal" e, portanto, marcada por uma dominação universal masculina, longe de questionar os mecanismos de poder que levam às subordinações (no plural), parte de uma perspectiva histórica e socialmente datada: a sociedade colonial eurocêntrica.

As interlocutoras de Davis também alertaram para outra situação a qual nos permite refletir sobre outros mecanismos de poder que podem influenciar situações de opressão. Segundo elas, em períodos anteriores, as mulheres eram mais livres, porém, conforme o governo se aproximou e estreitou os laços com Israel e os Estados Unidos, as políticas de repressão contra mulheres foram se intensificando e o país se tornou mais fechado em termos de costumes

Percebemos, assim, por intermédio do relato de Davis, que os sistemas de opressão são múltiplos. Não basta compreender de que forma a opressão sobre determinados grupos opera no nível local; há que se compreender como níveis global e local se articulam e se influenciam mutuamente para gerar mecanismos de opressão.

Em segundo lugar, há que se repensar a questão da representatividade, também em diversos níveis. As mulheres ocidentais, sob a "crença" de lutar contra a dominação masculina, se posicionaram em favor das egípcias, julgando, segundo suas próprias lutas e experiências, que a opressão sexual era a pauta da vez. Mas não era do ponto das egípcias.

> Não basta compreender de que forma a opressão sobre determinados grupos opera no nível local; há que se compreender como níveis global e local se articulam e se influenciam mutuamente para gerar mecanismos de opressão.

Por outro lado, temos de nos perguntar também: quem são as interlocutoras de Davis nesse caso? São jovens ou intelectuais progressistas e, possivelmente, de uma classe socioeconômica mais abastada para ocupar um espaço de fala. Ou seja, egípcias de outros contextos menos privilegiados provavelmente não teriam as mesmas condições de se posicionar dessa maneira.

O que se objetiva hoje é tornar o feminismo um movimento sem hierarquias de representações. Como coloca Carla Rodrigues (2005), não se trata mais da intelectual falar pela camponesa, ou da branca falar pela negra de periferia. O movimento deve considerar sua multiplicidade, sua fluidez de identidades, a coexistência de múltiplas vozes que, com perspectivas distintas, são capazes de construir redes e alianças.

[6.2]
O movimento feminista na era da internet

Em 2017, dois movimentos rapidamente disseminados nas redes sociais despertaram o interesse da população e dos meios de comunicação, levantando opiniões divergentes e múltiplas, a saber: o #metoo e o #elenão.

O movimento denominado *Me Too*, cuja tradução do inglês é "eu também", foi idealizado ainda na década de 1990 por Tarana Burke, e tinha por fim empoderar mulheres negras contra a violência e o abuso sexual. Posteriormente, a atriz hollywoodiana Alyssa Milano utilizou o nome do movimento como uma *hashtag* (#) na rede social Twitter para denunciar os abusos sexuais sofridos por ela e cometidos pelo produtor Harvey Weinstein. Ao "*twittar*" pela primeira vez #metoo, isto é, ao publicar essa mensagem na rede citada, a atriz angariou uma espécie de empatia e, por conseguinte, incentivou outras mulheres ao redor do globo a também compartilharem as experiências de abuso que já vivenciaram. Essas mulheres, em seus ambientes particulares, puderam se conectar umas às outras como que dizendo: "Olha, você não está sozinha". Ou seja, praticaram a chamada *sororidade*, ofertando suporte, conselhos etc., por vezes, sem julgamentos.

O #metoo, no entanto, também gerou críticas, como o manifesto encabeçado pela atriz francesa Catherine Deneuve, que percebeu no movimento certo excesso/exagero quanto às situações de assédio denunciadas. Segundo ela, não se tratava de negar os abusos, mas de estar atento às diferenças entre assédio e flerte, que, quando não identificadas, culminavam em declarações que prejudicavam a carreira dos envolvidos, nesse caso, supostamente a dos homens. De imediato a atriz, ícone mundial do cinema, teve seu posicionamento contestado com base no argumento de que as mulheres sabem, sim, reconhecer o que é assédio.

Quanto ao movimento #elenão, também expresso por uma *hashtag* e difundido/articulado nas redes, este emergiu durante a corrida presidencial brasileira também em 2018; e ganhou a audiência mundial pela rápida adesão das mulheres contra um dos candidatos, devido a seus comentários de cunho machista e homofóbico. O movimento mobilizou coletivos diversos e foi às ruas em passeatas por todo país. Da mesma forma que o #metoo, o movimento #elenão gerou opiniões opostas e até mesmo críticos ao feminismo em si. Estes últimos, incluindo mulheres, levantaram bandeiras de apoio ao referido candidato à presidência com frases como: "feminino sim, feminista não".

A despeito da controvérsia gerada por esses dois movimentos, enfatizamos a utilização da internet como instrumento para conectar diferentes grupos e coletivos de forma quase instantânea, promovendo aquilo que Giddens (1991) denominou de *desencaixe*. Para ele, o desencaixe, característico da modernidade, consiste: "no deslocamento das relações sociais de contextos locais de interação e sua reestruturação em extensões indefinidas de tempo e espaço" (Giddens, 1991, p. 31). O uso da internet por grupos e coletivos diversos, dentre os quais os feministas, ocasiona esse desencaixe: as pessoas se colocam em um espaço público-privado *on-line* (Ferreira, 2015) e nele dialogam. Trata-se de uma nova territorialidade, contemporânea, capaz de articular o sujeito – produzindo, divulgando e compartilhando emoções, saberes, opiniões e experiências – a uma rede comunicacional complexa e em permanente construção.

Zafra (2011), ao tratar da utilização da *web* para a produção de redes de troca e de socialidade entre mulheres, cita um texto de Virginia Woolf*, no qual ela afirma que, para se dedicar de maneira profissional à escrita, a mulher precisaria apenas de um quarto e um orçamento anual. O ensaio de Woolf foi estratégico para que Zafra pudesse refletir sobre as conexões de rede em um espaço que considera novo em termos das interações estabelecidas entre o público e o privado. Uma das razões para o resgate desse ensaio de 1929 é o fato de, nele, Woolf subverter a função atribuída ao quarto: espaço associado tradicionalmente à domesticidade do feminino, domínio do privado, da natureza, da reprodução e da intimidade. Quando se converte em local de criação escrita, o papel e a significação do quarto são transformados: de espaço da reprodução para espaço de criação. Zafra (2011) transforma, depois, esse quarto próprio em um quarto conectado, no qual o público e o privado não estão dissociados, mas em continuidade.

Além do desencaixe e sua posterior reestruturação em outras esferas de tempo-espaço, as redes produzem uma maneira própria de comunicação definida por Castells (2014): a autocomunicação, a qual emprega as novas tecnologias de comunicação para expressar e compartilhar estados emocionais, morais e afetivos entre os interlocutores. Para Castells (2014), as relações entre o remetente e o receptor da mensagem são horizontais e interativas, por isso

---

* O texto utilizado por Zafra (2011) é o ensaio de Virginia Woolf *Um quarto para si*, de 1929.

a seleção dos conteúdos é relativamente autônoma e dificilmente controlada por mecanismos oficiais, como Estados ou poder político.

Observamos que o #metoo rapidamente criou uma conexão íntima entre experiências de abuso e assédio entre as participantes. Ao compartilhar as experiências vividas, foi possível elaborar uma identidade comum, sem, no entanto, perder as especificidades e os contextos particulares. A relação entre a criação de identidades coletivas e a manutenção das individualidades nos ajuda a compreender por que o conceito de interseccionalidade é tão recorrente nos discursos feministas atuais.

Ferreira (2015), quando analisou um dos *blogs* feministas mais atuantes no Brasil, o *Blogueiras Feministas*, pôde perceber que a página da *web* conta com uma construção conjunta, mantendo uma postagem contínua de materiais com assuntos atuais e transitando para além da questão da violência, abordando temas como gênero e racismo; transexualidade; estética e produção do corpo feminino etc. Todos temas clássicos dos estudos feministas e de gênero. No entanto, o *blog* trata de tópicos feministas sem perder o contato com outras identidades e realidades sociais.

Essa produção dividida do *blog* ressalta outra característica marcante da apropriação de recursos da *web pelo* e *em* favor do movimento feminista: a horizontalidade das relações e a fabricação de identidades compartilhadas. Nesse sentido, Ferreira (2015, p. 214) conceitua aquele *blog* como um artefato cultural

> que revela apropriações de recursos tecnológicos a partir de experiências sociais concretas de sujeitos que produzem o repertório

de tais artefatos, caracterizados por serem mutáveis e gerarem autorreferências e narrativas que se definem mutuamente, mais do que criam uma narrativa mestra linear.

É importante notar que, nesse momento, alguns dos aspectos identificados nessa organização e difusão dos grupos e coletivos feministas da atualidade já estavam presentes na segunda onda feminista. Vimos, no Capítulo 2, que os grupos do feminismo radical tinham uma estrutura descentralizada e mais horizontal, o que oferecia relativa autonomia e conferia diversidade aos temas e às propostas. Essa tendência continuou nas décadas subsequentes com o desenvolvimento de conceitos que revisaram a centralidade da mulher no movimento para, então, incorporar ao debate outras questões, como raça, etnia e classe.

Quanto ao feminismo brasileiro, este sofreu interferência das ditaduras militares da América Latina e seus processos de redemocratização, apresentando, por isso, algumas peculiaridades. Essas particularidades são apontadas pela periodização do feminismo proposta por Alvarez (2014), que as situa em três momentos distintos:

[1] O "centramento" da década de 1970 ou o "feminismo no singular", que no Brasil foi fortemente influenciado pela luta democrática em oposição ao regime militar (Capítulo 3). Ao mesmo tempo, nesse período, a questão central era romper com a subordinação feminina, presente em diferentes espaços sociais, inclusive dentro das organizações revolucionárias de esquerda. Segundo Alvarez (2014), tratou-se de um movimento vertical, pois o elemento mobilizador, no limite,

era a conquista da democracia.

[2] O "descentramento", que foi motivado pela redemocratização. Com a abertura política, emergiu um feminismo plural: parte de suas representantes entraram nos quadros político-partidários e na mobilização por políticas públicas voltadas às mulheres. Outras, no entanto, foram se organizar no campo de uma produção cultural autônoma.

[3] O terceiro momento, o que agora vivenciamos, foi denominado pela autora de *sidestreaming*, no qual prevalecem os processos horizontais que se articulam em rede, presentes nos coletivos e na divulgação em mídias sociais. Nesse momento, o feminismo retorna às ruas* para ocupar espaços públicos e, como sugere Ferreira (2015), para produzir *performances* corporais (como a nudez em público) que deem visibilidade a pautas diversas, como: aborto, violência de gênero, estética e pluralismo de gênero.

Segundo Ferreira (2015), a Marcha das Vadias, movimento que se insere no terceiro momento definido por Alvarez, pode ser considerada um dos acontecimentos mais importantes dos últimos anos, capaz de sintetizar a articulação entre movimentos feministas,

---

* Para Alvarez (2014), esse terceiro momento ganhou fôlego com as chamadas *"Jornadas de Junho de 2013"*, movimento que surgiu com o MPL (Movimento Passe Livre) contra o aumento da tarifa de ônibus em São Paulo, cujos desdobramentos foram vários, como as passeatas contra a Copa do Mundo de 2014. Já para Ferreira (2015), embora as Jornadas de Junho tenham sido importantes para a "volta às ruas", para ela, a ocupação dos espaços públicos pelos coletivos feministas, na verdade, teve início em 2011, com a primeira edição da Marcha das Vadias.

redes digitais e ocupação dos espaços públicos. O próprio nome dado ao evento ilustra seu caráter combativo à ordem consolidada, pois o depreciativo "vadia" passou a ser usado como um valor, um símbolo do empoderamento feminino.

Atualmente, a Marcha das Vadias (também conhecida como *SlutWalk*, *Marcha de las Putas* etc.) ocorre em diferentes partes do mundo, porém o movimento teve origem na cidade de Toronto, Canadá, em 2011. Seu surgimento foi motivado pela declaração de um policial em um fórum universitário, o qual afirmou que as mulheres poderiam evitar o assédio e o estupro se usassem roupas "adequadas". Tal fala gerou inúmeros protestos, que rapidamente se disseminaram pelas redes sociais, mobilizando outras mulheres em diferentes partes do mundo.

Para saber mais, indicamos a seguinte leitura:

GOMES, C.; SORJ, B. Corpo, geração e identidade: a Marcha das vadias no Brasil. **Sociedade e Estado**, Brasília, v. 29, n. 2, p. 433-437, maio/ago. 2014. Disponível: <http://www.scielo.br/pdf/se/v29n2/07.pdf>. Acesso em: 11 fev. 2020.

Notamos uma ligação entre a Marcha das Vadias e os temas tratados pelos movimentos #metoo e #elenão. No primeiro caso, o do #metoo, a conexão é evidente, pois ambos os movimentos foram propagados pelas redes digitais e passaram a amplificar a questão da violência em suas mais diversas manifestações: o assédio, o abuso, a violência obstétrica, as depreciações psicológicas e morais etc.

Já em relação ao #elenão, a relação é mais sutil. A mobilização, que começou nas redes sociais e culminou em passeatas por todo país, teve início em meio à corrida presidencial de 2018, motivada por algumas declarações de um dos candidatos envolvendo questões como feminicídio, desigualdade salarial, ideologia de gênero nas escolas, e ainda falas que soaram contrárias à comunidade LGBTQIA+. Ou seja, todas pautas sistematicamente levantadas pelos movimentos sociais feministas e LGBTQIA+. Um dos temores era o retrocesso das políticas públicas de igualdade de gênero e outras em caso de vitória desse candidato. Assim, o discurso contra a violência também foi amplificado nesse contexto.

[6.3]
Estudos de gênero no Brasil: uma aproximação entre gênero e educação

Nesses dois últimos tópicos, explanaremos a questão do gênero nas escolas, bem como sua articulação com o campo mais amplo da educação. Trata-se de uma discussão especialmente importante para o Brasil em seu contexto atual, no qual foram disseminadas várias ideias relacionadas ao que o senso comum convencionou chamar de *ideologia de gênero*.

Os debates sobre as questões de gênero e seus processos pedagógicos não são recentes e suscitam polêmicas em diferentes partes do mundo. Um dos motivos para tais polêmicas está associado ao fato de que a concepção de gênero se refere a identidades aprendidas por meio de processos sociais e práticas culturais; quer dizer, trata-se de algo que se contrapõe ao nosso senso comum, pois, em geral, acreditamos que gênero, sexo e sexualidade são equivalentes, um só elemento, e dados na natureza. Se gênero e sexualidade são tomados como naturais, atribuir-lhes uma dimensão social e, portanto, passível de ser construída nos indivíduos, pode soar como uma ruptura ou perversão à ordem natural das "coisas".

Não nos damos conta de que essa ordem natural também é um valor, uma construção histórica e culturalmente instituída. Ao projetar uma coincidência entre o gênero, o sexo biológico e o desejo/prática sexual, fabricamos e fixamos um padrão de normalidade, tomando outras possibilidades como desviantes ou, ao menos, como problemáticas. Foucault (2014a) chamou atenção para a produção de corpos como forma de controlar comportamentos dentro de padrões hegemônicos. Ao naturalizar os corpos e o desejo, educamos sujeitos para se portar de determinadas formas.

A fabricação dos comportamentos socialmente aceitos passa por diferentes instâncias: família, escola, mídias como cinema, televisão e igreja. Segundo Louro* (2000), todas essas instâncias executam uma pedagogia e, em geral, atuam conjuntamente de modo a construir práticas e identidades hegemônicas. No entanto, eventualmente, essas instâncias oferecem padrões às vezes contraditórios e alternativos, pois a produção de sujeitos é plural.

Essa multiplicidade de identidades possíveis veio à tona nos últimos anos com o fortalecimento dos movimentos LGBTQIA+, cujas pautas ganharam visibilidade no cenário nacional e internacional. O amadurecimento das discussões de gênero e a emergência dos estudos queer, por exemplo, trouxeram o debate sobre a normatividade das identidades para dentro das universidades. No

---

*   Guacira Lopes Louro é uma das pioneiras dos estudos feministas no Brasil, principalmente no campo da educação.

Brasil, houve uma especial incorporação dessas discussões pela pedagogia, e as razões de tal adesão vieram ao encontro de um cenário político favorável.

A ditadura militar ocasionou a contestação do *status quo* e a construção de uma visão crítica da realidade. Talvez um dos exemplos mais notáveis desse pensamento questionador seja a *Pedagogia do oprimido*, livro escrito por Paulo Freire (1921-1997). Seu trabalho, adotado em diferentes partes do mundo

> A fabricação dos comportamentos socialmente aceitos passa por diferentes instâncias: família, escola, mídias como cinema, televisão e igreja. Segundo Louro (2000), todas essas instâncias executam uma pedagogia e, em geral, atuam conjuntamente de modo a construir práticas e identidades hegemônicas.

e precursor da pedagogia crítica, conduz à reflexão sobre de que modo o processo educativo atua para manter a desigualdade social.

Desse modo, as questões de gênero foram incorporadas pela teoria pedagógica como um elemento importante para problematizar a ordem hegemônica. Ao mesmo tempo, tais questões esbarravam em determinados obstáculos, já que a escola, de modo geral, estava particularmente ocupada com a construção da sexualidade, das masculinidades e das feminilidades. Havia certa preocupação com a chamada *sexualidade desviante*, ou seja, com a homossexualidade. Tratar dessas questões nas escolas parecia algo desafiador, tendo em mente que as teorias de gênero problematizam a norma, enquanto a escola é uma instituição normatizadora, responsável por favorecer a construção de determinados perfis de sujeitos.

O reforço das identidades binárias de gênero nas escolas acontece de diferentes maneiras: no Brasil, por exemplo, o padrão de família presente nos livros didáticos é predominantemente, quando não sempre, o heteronormativo (homem, mulher e filhos) e a figura do homem é, por vezes, apresentada como o "chefe" ou o "responsável" pela família; em algumas instituições, as aulas extraclasse de balé são ofertadas quase que exclusivamente para meninas, e o judô, para meninos. Ou seja, podemos concluir que, sob diferentes aspectos, a escola reforça determinadas representações sobre o que é "ser homem" e "ser mulher".

Os processos pedagógicos de educação dos corpos são, como mencionamos, políticos e realizados em diversos espaços. Com o fortalecimento dos movimentos sociais, a sexualidade e o gênero ganharam destaque na mídia. O mercado cinematográfico, por exemplo, ao mesmo tempo em que reproduzia certos estereótipos, também passou a produzir conteúdos direcionados ao público gay e lésbico. Da mesma forma, a televisão passou a combater, ainda que timidamente, a homofobia, incorporando nas telenovelas personagens gays e transexuais em busca de suas identidades. Acerca disso, Louro (2008, p. 20) diz:

> Mas os movimentos sociais organizados (dentre eles o movimento feminista e os das "minorias" sexuais) compreenderam, desde logo, que o acesso e o controle dos espaços culturais, como a mídia, o cinema, a televisão, os jornais, os currículos das escolas e universidades, eram fundamentais. A voz que ali se fizera ouvir, até então, havia sido a do homem branco heterossexual. Ao longo da história, essa voz falara de um modo quase incontestável.

Louro, na entrevista concedida a Nicholas Gonzalez Rios em 2014*, aponta alguns desafios ao se trabalhar as questões de gênero em sala de aula. Segundo ela, é preciso compreender as dimensões teóricas e práticas das teorias de gênero e dos estudos queer e suas implicações naquele espaço. Louro (2015) se pergunta como trabalhar com as ambivalências que fundamentam essas perspectivas teóricas, quando em sala de aula o professor deve ter certezas provisórias.

Na entrevista citada, Louro (2015) alerta que a apropriação da teoria queer para uma abordagem escolar deve ser feita com cuidado. Se os estudos queer forem utilizados para abarcar todas as identidades não heterossexuais, corre-se o risco de engessar essa abordagem em outras identidades. A autora considera que uma das contribuições do queer é justamente contestar identidades fixas em prol de uma perspectiva mais fluida. Talvez, reflete Louro (2015), o queer deva ser empregado como um instrumento de análise sobre normas estabelecidas, inclusive sobre os saberes instituídos, incentivando perguntas como: Por que algumas disciplinas são instituídas e pensadas como indispensáveis e outras deixadas de lado? Por que, por exemplo, as mulheres ainda hoje são invisíveis nos livros didáticos de história?

---

* Para saber mais, assista à íntegra da entrevista, que está disponível em: <https://feminismo.org.br/guacira-lopes-louro-educacao-feminismos-e-perspectivas-queer/18275/>. Acesso em: 11 fev. 2020.

[6.4]
"Ideologia de gênero" nas escolas?

A possibilidade de promover reflexões sobre as diferenças e as desigualdades (inclusive as de gênero) não foi bem vista, evidentemente, pelos setores mais conservadores da sociedade. Nos últimos anos, muito tem se falado sobre a necessidade de retirar essa "ideologia de gênero" das escolas.

Esta, entretanto, não é uma discussão recente e tem causado controvérsia no cenário internacional, ganhando contornos muito particulares no Brasil, já que a chamada *ideologia de gênero* passou a ser atacada/combatida pelos setores mais conservadores da sociedade e por movimentos como Escola Sem Partido e o Movimento Brasil Livre (MBL).

O termo *gênero* foi adotado oficialmente pela ONU (Organização das Nações Unidas) em 1995 durante a Conferência Mundial das Nações Unidas em Pequim, na China. Setores conservadores, como lideranças católicas e leigas, foram contrários à utilização do termo, cunhando, em seu lugar, a expressão *ideologia de gênero*. Pois, segundo eles, a palavra *gênero* definia uma nova perspectiva de ser humano que desconsiderava as diferenças naturais entre os sexos.

A ativista pró-vida Dale O'Realy foi uma das opositoras da noção de gênero. Embora ela não falasse em *ideologia de gênero*, reportava-se a um feminismo radical que, ao ignorar distinções naturalmente dadas, acentuaria a oposição entre homens e mulheres. Já em 1998, a expressão *ideologia de gênero* apareceu novamente, dessa vez na Conferência Episcopal do Peru, na qual o clero se mostrou apreensivo com os desdobramentos de uma política de gênero mais inclusiva.

O Vaticano também se opôs à noção de gênero. O então papa, Bento XVI, posicionou-se temeroso com as consequências resultantes da ampliação de políticas públicas em defesa dos direitos das minorias sexuais. A Cúria Romana produziu até mesmo um documento intitulado *Família, matrimônio e uniões de fato*, que circulou nos anos 2000, também reforçando as preocupações citadas.

Nesse mesmo período, países da América Latina, em especial Brasil, México e Argentina, adquiriram maior protagonismo na discussão sobre os direitos humanos, com avanços que culminariam na legalização das uniões civis homoafetivas na Argentina e no Brasil em 2010 e 2011, respectivamente.

Em reação a essas conquistas e protagonismo, houve depois, no Brasil, um acirramento dos setores conservadores, levando tais grupos, com apoio significativo de uma parcela da população, a também se posicionar contra a suposta "ideologia de gênero". Houve (e ainda há) entre esses sujeitos certo receio de que os debates sobre gênero resultassem em uma espécie de "doutrinação sexual" das crianças, ou seja, de que tal discussão "incentivasse" a homossexualidade/transexualidade. Ao mesmo tempo, esses grupos também reforçaram a ideia de que a educação sexual das crianças é de incumbência das famílias. Por tais razões, questões referentes à discussão de gênero e orientação sexual foram excluídas da versão final do Plano Nacional da Educação (PNE) em 2015. No entanto, o setor mais conservador da sociedade já havia obtido sucesso antes em barrar projetos, como se sucedeu com as metas que visavam à superação das desigualdades regionais, em 2014.

Outras manifestações dos setores conservadores tiveram grande expressão, como as ocorridas em 2017, em oposição à exposição Queermuseu, mencionada no Capítulo 5, e à vinda de Judith Butler ao país. A chegada da filósofa em solo nacional desencadeou vários protestos contra ela, que passou a personificar, para os segmentos supracitados, a própria "ideologia de gênero" (Miskolci, 2018). Butler chegou até a ser acusada de pedófila por manifestantes que empunhavam cartazes contra o que acreditavam ser uma ameaça às crianças. Em ambos os casos citados, as mobilizações da sociedade foram contra a "ideologia de gênero", em defesa da família e da preservação da infância.

Quando, em 2011, o Ministério da Educação (MEC) propôs adotar uma política nacional de combate à homofobia e à desigualdade de gênero nas escolas, com o projeto Escola Sem Homofobia (2011), os pais e responsáveis pelas crianças também se manifestaram contra à medida, apelidada de forma pejorativa de *kit gay*.

O que a expressão *kit gay* representava? Primeiramente, a ideia que, ao se valer do gênero como categoria para elaboração de políticas públicas, o governo estaria desconsiderando características supostamente naturais e diferenciais entre meninos e meninas (mesmo argumento da ativista Dale O'Realy), promovendo assim aquela doutrinação sexual de que falamos há pouco. Em simultâneo, a "ideologia de gênero" foi sobreposta ao receio crescente, acentuado pelo Movimento Escola Sem Partido (criado em 2004), de que estaria ocorrendo uma doutrinação de viés marxista nas escolas.

Com o fim do pleito de 2018 e a vitória de um projeto político mais conservador, observamos o fortalecimento das pautas contra a "doutrinação" nas escolas, seja ela marxista, seja em relação a gênero. Em janeiro de 2019, a Ministra da Cidadania, Família e Direitos Humanos, Damares Alves, apareceu em um vídeo nas redes sociais enunciando a frase "é uma nova era no Brasil: menino veste azul e menina veste rosa". Polêmicas à parte, a afirmação da ministra evidencia uma política que valoriza as diferenças entre os sexos biológicos:

> A censura ao termo gênero nos planos educacionais – assim como a outros como identidade de gênero – não é mera questão semântica, mas ação deliberada de impedir o aprendizado de meios para a demanda de igualdade e autonomia por parte de mulheres, assim como o de direitos fundamentais como segurança e respeito à própria vida no caso de homossexuais, pessoas trans, entre outros. (Miskolci, 2018, p. 8)

A consolidação de um pensamento político conservador foi ganhando espaço nos últimos anos, com o fortalecimento dos setores conservadores, não necessariamente evangélicos. Miskolci (2018) salienta que vários desses grupos têm se articulado contra os debates sobre gênero e sexualidade no espaço público. O que não representa, propriamente, uma derrota dos grupos LGBTQIA+ e feministas, e sim uma reação à visibilidade que tais grupos vêm adquirindo.

Indicação cultural

Neste capítulo, discorremos sobre questões atuais do feminismo, possibilitando uma abordagem plural e ampla desse movimento e de sua disseminação em diferentes contextos. Um dos conteúdos abordados foi a forma como as redes sociais e as mídias digitais permitiram uma maior capilaridade ao feminismo, construindo uma forma própria de linguagem e expressão. Para melhor compreensão da comunicação entre os participantes do movimento, recomendamos o endereço a seguir:

BLOGUEIRAS FEMINISTAS. Disponível em: <https://blogueiras feministas.com/>. Acesso em: 26 mar. 2020.

Sugerimos que você entre, pesquise e percorra o *site* Blogueiras Feministas e, assim, identifique a linguagem e os temas abordados.

Síntese

Neste capítulo, procuramos abordar temas atuais, situando você, primeiramente, no contexto do pós-feminismo e dos estudos pós-coloniais. Identificamos, depois, que o feminismo deve ser entendido em sua articulação com diferentes realidades e posições, sendo, para isso, necessária uma perspectiva interseccional.

Não seria possível discutir fenômenos da contemporaneidade sem, antes, refletir sobre o modo pelo qual os feminismos atuam por meio das redes sociais. Os movimentos, agora pulverizados em coletivos e grupos diversos, são capazes de estabelecer rapidamente, pela *web*, conexões entre si mediante o compartilhamento de experiências.

Nos dois últimos tópicos, trouxemos a interlocução entre gênero e educação, tema que tem ocupado espaços centrais no palco da discussão política brasileira. Inicialmente, explanamos como as pedagogias constroem o corpo, a sexualidade e o gênero, identificando o papel da escola nessa discussão. Seguimos, então, para um entendimento sobre os significados e os interesses impressos na chamada *ideologia de gênero*.

Atividades de autoavaliação

1] Angela Davis, ao se deparar com a realidade das mulheres egípcias, revelou que a questão da circuncisão (ou mutilação) feminina, tão cara às mulheres ocidentais, era tratada pelos movimentos locais como:

a) uma questão secundária, pois a garantia de ampliação de direitos políticos e trabalhistas era considerada fundamental.

b) uma questão central para a emancipação da sexualidade feminina, vindo ao encontro das pautas defendidas no Ocidente.

c) uma preocupação exclusiva das camadas intelectuais e abastadas da sociedade egípcia, que pouco dialogavam com os movimentos operários.

d) uma questão sem importância, pois se mostrou, assim como uso do véu, parte da cultura local e fundamental para a construção da identidade feminina.

e) uma preocupação presente entre as ativistas mais jovens e pouco significativa para as mais velhas.

2] A respeito do conceito de interseccionalidade explanado, assinale a alternativa correta:

a) Diz respeito às variáveis consideradas para compreender os sistemas de opressão.

b) Considera as variáveis de opressão, mas não a sobreposição de identidades.

c) Está restrito aos critérios étnicos e raciais, considerando a opressão de gênero secundária.

d) Considera as implicações múltiplas da opressão, promovendo o entrecruzamento de suas diferentes dimensões.

e) Acentua a opressão de gênero como central e os demais marcadores sociais como categorias satélites.

3] O pós-feminismo se consagrou por realizar críticas à teoria feminista. Sobre as críticas por ele feitas, marque V para as asserções verdadeiras e F para as falsas.

( ) Considera que as pautas do feminismo levaram ao fracasso do movimento, hoje diluído em diversas correntes.

( ) Uma das críticas está relacionada à inclusão dos transgêneros pelo feminismo em um movimento centrado na divisão entre os sexos.

( ) Uma das críticas centrais está relacionada à mulher na condição de sujeito do feminismo.

( ) Considera que um dos erros do feminismo foi reafirmar a produção transversal de diferenças.

Agora, assinale a alternativa que apresenta a sequência correta:

a) V, V, F, V.

b) F, F, V, F.

c) V, F, F, V.

d) F, F, F, V.

e) F, V, F, V.

4] Considerando a utilização das redes sociais para expressão de grupos e coletivos feministas, é correto afirmar que uma de suas principais características consiste:

a) na verticalização das relações entre os grupos por meio da cooperação hierarquizada.

b) na promoção de redes horizontais e fluidas de relações, nas quais são produzidos diálogos entre os diferentes grupos.

c) na consolidação de um modo de expressão que opera exclusivamente no ciberespaço.

d) na construção de uma homogeneidade de pensamento, promovida, sobretudo, pela rápida difusão das ideias no ambiente virtual.

e) no teor excessivo dado às experiências individuais, enfatizando, portanto, a particularidade e a subjetividade.

5] Considerando os conteúdos trabalhados no presente capítulo sobre a educação da sexualidade, assinale a alternativa correta:

a) Sexualidade e gênero são processos educativos presentes em espaços/instituições sociais.

b) A educação voltada ao gênero e à sexualidade deve restringir-se às instituições com valores morais definidos, sobretudo a família e a religião.

c) O processo educativo do gênero e da sexualidade só é possível se trabalhado na grade curricular escolar.

d) Os meios de comunicação de massa operam como entraves para a educação da sexualidade e de gênero.

e) A educação voltada aos critérios de gênero possui conteúdo ideológico e deve ser evitada nos espaços públicos.

Atividades de aprendizagem

Questões para reflexão

1] Com base nos conteúdos apresentados ao longo deste livro, redija um texto argumentativo respondendo ao seguinte questionamento: Por que uma abordagem pautada na concepção de gênero desperta tanta polêmica na sociedade contemporânea?

2] Pesquise nas redes sociais sobre ao menos três propostas de currículos que tragam a inclusão de gênero e a orientação sexual como conteúdos programáticos das escolas. Observe como esses temas estão incluídos no currículo e quais seus objetivos. Em seguida, construa uma tabela-síntese para cada currículo analisado, comparando, então, as similaridades e as diferenças entre as propostas.

Atividade aplicada: prática

1] Vimos que as questões relacionadas à discussão de gênero e orientação sexual foram retiradas da versão final do Plano Nacional da Educação em 2015. No entanto, o movimento mais conservador da sociedade já havia obtido sucesso em barrar projetos como o Escola Sem Homofobia (2011) e as metas que visavam superar as desigualdades regionais (2014). Com base nisso, elabore um quadro comparativo contendo as seguintes informações:

- os objetivos do projeto Escola Sem Homofobia e os argumentos contrários e favoráveis ao projeto;
- os objetivos das metas relacionadas à redução das desigualdades regionais, incluindo as questões de gênero e orientação sexual, e os argumentos contrários e favoráveis a essa proposta;
- os principais argumentos levantados pelo projeto Escola Sem Partido e as principais críticas e opiniões favoráveis ao projeto.

Considerações finais

[...]

Ao longo deste livro, procuramos abordar um pouco da história e das distintas e múltiplas manifestações do feminismo. Para tanto, estabelecemos interlocução constante com diversos autores das ciências sociais e, em especial, da sociologia. Apenas "arranhamos" a superfície de um tema vasto e complexo, pois, ao tratar do feminismo, não estamos falando apenas de mulheres, mas das ordens hegemônicas cristalizadas nas sociedades.

Vimos que, inicialmente, a mulher se constituiu como principal sujeito do movimento feminista, ou seja, como categoria central de luta por uma sociedade mais igualitária. A partir do século XVII, acompanhamos uma mobilização crescente das mulheres para acessar espaços reservados aos homens. E, por terem sido tratadas como cidadãs de segunda classe – reconhecendo, assim, uma similaridade entre a condição feminina e a dos escravos –, houve grande adesão das mulheres ao movimento antiescravagista. Essa mobilização pela abolição da escravatura traria, mais tarde, a experiência na realização de discursos públicos e coletivos necessária à organização política para obtenção do sufrágio. Com isso, o final do século XIX e início do século XX presenciaram o despontar de um movimento politicamente estruturado na luta por vários direitos políticos e civis.

Após a conquista do sufrágio, aquela organização feminista se diluiu, mas permaneceu latente e circulou em redutos intelectuais. A nova onda feminista teve início nos anos 1960-1970, elegendo como pauta a contestação dos padrões enraizados de comportamento e moralidade. A domesticidade atribuída à mulher foi, então, questionada e "o pessoal se tornou político".

Muitas mudanças no cotidiano foram decorrentes do agitado período de florescimento da contracultura. Seus impactos também se fizeram presentes no processo de construção do conhecimento: os estudos de gênero, por exemplo, permitiram questionar a naturalização de categorias binárias como masculino/feminino, homem/mulher e homossexual/heterossexual. Desse modo, dimensões como a sexualidade e o gênero passaram a ser entendidas como constructo social (Lauretis, 1994) por sua performatividade (Butler, 2018). Longe de abordar identidades fixas, esses estudos culminaram na análise e na percepção das identidades de forma mais fluida e abrangente.

O gênero e a sexualidade começaram a ser considerados em conjunto com outros atributos do sujeito, como a raça, a etnia, a classe social etc. Nesse sentido, a mulher deixou de ser o sujeito central do feminismo e o movimento se converteu em um campo mais amplo de relações. Vimos esse deslocamento da mulher da qualidade de sujeito do feminismo na abordagem subversiva dos estudos queer.

Os estudos queer também impactaram as práticas e teorias voltadas ao gênero e à sexualidade. O queer, aqui concebido como uma disposição política e existencial, foi apropriado por diferentes espaços que vão do *mainstream* à abordagem pedagógica e questionadora da educação.

Recentemente, a inclusão do ensino de gênero nas escolas provocou debates acalorados e reações intensas por parte de alguns setores da sociedade brasileira. Tais posicionamentos executam uma política normatizadora dos sujeitos e dos corpos que, como vimos, é uma criação da moral burguesa do final do século XVII (Foucault, 2014a). Ao mesmo tempo, a polissemia produzida pela sociedade brasileira em torno da referida discussão é fruto da sociedade contemporânea e do compartilhamento instantâneo de opiniões e moralidades pelos meios de comunicação de massa, em especial as redes sociais virtuais.

Percorremos nessa obra um longo trajeto, amplo no tempo e no espaço, mas que não é linear. Em síntese, pudemos concluir que o feminismo é, necessariamente, plural, complexo e que se interliga a outras esferas sociais e políticas; além de que, como todo movimento social, está em permanente construção e nos possibilita dele fazer diferentes leituras e recortes.

Foi uma grande satisfação a produção desta obra. Esperamos ter contribuído para um melhor entendimento das questões abordadas ao longo do texto e despertado o seu interesse para esse tema amplo e fundamental para a compreensão da realidade social.

Referências

[...]

ABREU, M. Feminismo materialista na França: sócio-história de uma reflexão. **Estudos Feministas**, Florianópolis, v. 26, n. 3, p. 1-17, 2018. Disponível em: <http://www.scielo.br/pdf/ref/v26n3/1806-9584-ref-26-03-e54237.pdf>. Acesso em: 7 nov. 2019.

ABREU, M. Gênero e democracia: uma introdução. **Cadernos de Pesquisa**, São Paulo, v. 49, n. 172, p. 338-343, abr./jun. 2019. Disponível em: <http://www.scielo.br/pdf/cp/v49n172/1980-5314-cp-49-172-338.pdf>. Acesso em: 5 mar. 2020.

ADELMAN, M. **A voz e a escuta**: encontros e desencontros entre a teoria feminista e a sociologia contemporânea. 2. ed. São Paulo: Blucher, 2016.

ALTHUSSER, L. **Ideologia e aparelhos ideológicos do Estado**. Tradução de Joaquim José de Moura Ramos. 3. ed. Lisboa: Presença; São Paulo: M. Fontes, 1980.

ALVAREZ, S. E. Para além da sociedade civil: reflexões sobre o campo feminista. **Cadernos Pagu**, Campinas, n. 43, p. 13-56, jan./jun. 2014. Disponível em: <http://www.scielo.br/pdf/cpa/n43/0104-8333-cpa-43-0013.pdf>. Acesso em: 23 fev. 2020.

ANZALDÚA, G. Falando em línguas: uma carta para as mulheres escritoras do terceiro mundo.**Estudos Feministas**, Florianópolis, v. 8, n. 1, p. 229-236, jan./jun. 2000. Disponível em: <https://periodicos.ufsc.br/index.php/ref/article/view/9880/9106>. Acesso em: 7 nov. 2019.

BEAUVOIR, S. de. **O segundo sexo**. Tradução de Sergio Milliet. 2. ed. Rio de Janeiro: Nova Fronteira, 2009.

BERTUCCI, J. de O. Desenvolvendo a solidariedade no caminho da transição: um ensaio sobre a teoria do socialismo a partir de Marx. **Economia e Sociedade**, Campinas, v. 19, n. 1 (38), p. 173-200, abr. 2010. Disponível em: <http://www.scielo.br/pdf/ecos/v19n1/a07v19n1.pdf>. Acesso em: 21 fev. 2020.

BIROLI, F. **Gênero e desigualdades**: limites da democracia no Brasil. São Paulo: Boitempo, 2018.

BIROLI, F. Teorias feministas da política: empiria e normatividade. **Lua Nova**, São Paulo, n. 102, p. 173-210, dez. 2017. Disponível em: <http://www.scielo.br/pdf/ln/n102/1807-0175-ln-102-173.pdf>. Acesso em: 26 fev. 2020.

BLANCA, R. M. Quem tem medo da arte queer? **Revista Cult**, 8 ago. 2017. Disponível em: <https://revistacult.uol.com.br/home/quem-tem-receio-da-arte-queer/>. Acesso em: 7 nov. 2019.

BLAY, E. A. 8 de Março: conquistas e controvérsias. **Estudos Feministas**, Florianópolis, v. 9, n. 2, p. 601-607, jul./dez. 2001. Disponívelem:<http://www.scielo.br/pdf/ref/v9n2/8643.pdf>. Acesso em: 23 fev. 2020.

BOURDIEU, P. **A dominação masculina**. Tradução de Maria Helena Kühner. Rio de Janeiro: Bertrand Brasil, 2003.

BRAH, A. Travels in Negotiations: Difference, Identity, Politics. **Journal of Creative Communications**, v. 2, n. 1-2, p. 245-256, ago. 2007.

BRAH, A.; PHOENIX, A. Ain't I a Woman? Revisiting Intersectionality. **Journal of International Women's Studies**, v. 5, n. 3, p. 75-86, 2004.

BREDER, D. Françoise Héritier e Pierre Bourdieu: a construção hierárquica da diferença masculino/feminino. **Cadernos de Campo**, São Paulo, v. 19, n. 19, p. 35-45, 2010. Disponível em: <http://www.revistas.usp.br/cadernosdecampo/article/view/43286>. Acesso em: 23 fev. 2020.

BUTLER, J. **Problemas de gênero**: feminismo e subversão da identidade. Tradução de Renato Aguiar. Rio de Janeiro: Civilização Brasileira, 2018.

CASTELLS, M. **A sociedade em rede**. Tradução de Carlos Nelson Coutinho e Leandro Konder. Rio de Janeiro: Paz e Terra, 2014.

CODATO, A. O conceito de ideologia no marxismo clássico: uma revisão e um modelo de aplicação. **Política & Sociedade**, Florianópolis, v. 15, n. 32, p. 311-331, jan./abr. 2016. Disponível em: <https://periodicos.ufsc.br/index.php/politica/article/view/2175-7984.2016v15n32p311/32083>. Acesso em: 18 fev. 2020.

CUNHA, P. R. F. **American Way of Life**: representação e consumo de um estilo de vida modelar no cinema norte-americano dos anos 1950. 246 f. Tese (Doutorado em Comunicação e Práticas de Consumo). Universidade de São Paulo, São Paulo, 2017. Disponível em: <https://tede2.espm.br/bitstream/tede/277/2/PPGCOM%20Tese%20Paulo%20RF%20Cunha.pdf>. Acesso em: 18 fev. 2020.

D'ÂNGELO, H. Angela Davis: os EUA têm muito a aprender com o feminismo negro brasileiro. **UOL**, 26 jul. 2017. Disponível em: <http://revistacult.uol.com.br/home/angela-davis-no-brasil/>. Acesso em: 7 nov. 2019.

DAVIS, A. **Mulheres, cultura e política**. Tradução de Heci Regina Candiani. Rio de Janeiro: Boitempo, 2017.

DAVIS, A. **Mulheres, raça e classe**. Tradução de Plataforma Gueto. Portugal: [s.d.], 2013. Disponível em: <https://plataformagueto.files.wordpress.com/2013/06/mulheres-rac3a7a-e-classe.pdf>. Acesso em: 24 mar. 2020.

DERRIDA, J. **Gramatologia**. Tradução de Miriam Chnaiderman e Renato Janine Ribeiro. 2. ed. São Paulo: Perspectiva, 2013. (Coleção Estudos, v. 16).

DUBY, G. **As damas do século XII**. Tradução de Paulo Neves e Maria Lúcia Machado. São Paulo: Companhia das Letras, 2013.

DUMONT, L. **Homo Hierarchicus**: o sistema das castas e suas implicações. Tradução de Carlos Alberto da Fonseca. 2. ed. São Paulo: Edusp, 2008.

ESTACHESKI, D. de L. T.; MEDEIROS, T. G. de. A atualidade da obra de Mary Wollstonecraft. **Estudos Feministas**, Florianópolis, v. 25, n. 1, p. 375-378,jan./abr. 2017. Disponível em: <http://www.scielo.br/scielo.php?script=sci_arttext&pid=S0104-026X2017000100375>. Acesso em: 7 nov. 2018.

FERREIRA, A. B. de H. **Novo Dicionário Aurélio da Língua Portuguesa**. 2. ed. Rio de Janeiro: Nova Fronteira, 1986.

FERREIRA, C. B. de C. Feminismo web: linhas de ação e maneira de atuação no debate feminista contemporâneo. **Cadernos Pagu**, Campinas, n. 44, p. 199-228, jan./jun. 2015. Disponível em: <https://periodicos.sbu.unicamp.br/ojs/index.php/cadpagu/article/view/8637329/5043>. Acesso em: 23 fev. 2020.

FOUCAULT, M. **História da sexualidade**. Tradução de Maria Thereza da Costa Alburquerque e J. A. Guilhon Alburquerque. São Paulo: Paz e Terra, 2014a. v. 1: A vontade de saber.

FOUCAULT, M. **Microfísica do poder**. Tradução de Roberto Machado. 28. ed. São Paulo: Paz e Terra, 2014b.

GARCIA, C. C. **Breve história do feminismo**. São Paulo: Claridade, 2011. (Coleção Saber de Tudo, v. 7).

GIDDENS, A. **As consequências da modernidade**. Tradução de Raul Fiker. São Paulo: Ed. da Unesp, 1991.

GOFFMAN, E. **Estigma**: notas sobre a manipulação da identidade deteriorada. Tradução de Mathias Lambert. São Paulo: LTC, 2004.

GÓIS, J. B. H. Reabrindo a 'caixa-preta': rupturas e continuidades no discurso sobre Aids nos Estados Unidos (1987-98). **História, Ciências, Saúde – Manguinhos**, Rio de Janeiro, v. 9, n. 3, p. 515-533, set./dez. 2002. Disponível em: <http://www.scielo.br/scielo.php?script=sci_arttext&pid=S0104-59702002000300003>. Acesso em: 23 fev. 2020.

GOUGES, O. de. Declaração dos direitos da mulher e da cidadã. Tradução de Selvino José Assmann. **Revista Internacional Interdisciplinar INTERthesis**, Florianópolis, v. 4, n. 1, jan./ jun. 2007. Disponível em: <https://periodicos.ufsc.br/index. php/interthesis/article/viewFile/911/10852>. Acesso em: 23 fev. 2020.

GREENE, D. Quaker Feminism: the Case of Lucretia Mott. **Pennsylvania History**, v. 48, n. 2, p. 143-154, abr. 1981.

GUAJAJARA, S. Sonia Guajajara: "A gente enfrenta o preconceito duas vezes, por ser indígena e por ser mulher". **Instituto Socioambiental**, 20 abr. 2016. Entrevista. Disponível em: <https://www.socioambiental.org/pt-br/blog/blog-do-moni toramento/sonia-guajajara-a-gente-enfrenta-o-preconceito-duas-vezes-por-ser-indigena-e-por-ser-mulher>. Acesso em: 7 nov. 2019.

HARDING, S. A instabilidade das categorias analíticas na teoria feminista. **Estudos Feministas**, Florianópolis, v. 1, n. 1, p. 7-31, 1993. Disponível em: <http://www.legh.cfh.ufsc.br/ files/2015/08/sandra-harding.pdf>. Acesso em: 23 fev. 2020.

HARDT, M.; NEGRI, A. **Império**. Tradução de Berilo Vargas. 7. ed. Rio de Janeiro: Record, 2005a.

HARDT, M.; NEGRI, A. **Multidão**: guerra e democracia na era do império. Tradução de Clóvis Marques. Rio de Janeiro: Record, 2005b.

HENNING, C. E. Interseccionalidade e pensamento feminista: as contribuições históricas e os debates contemporâneos acerca do entrelaçamento de marcadores sociais da diferença. **Mediações**, Londrina, v. 20 n. 2, p. 97-128, jul./dez. 2015. Disponível em: <http://www.uel.br/revistas/uel/index.php/ mediacoes/article/view/22900/pdf%27>. Acesso em: 18 fev. 2020.

HÉRITIER, F. **Masculino e feminino**: o pensamento da diferença. Tradução de Cristina Furtado Coelho. Lisboa: Instituto Piaget, 1996.

HERTZ, R. A preeminência da mão direita: um estudo sobre polaridade religiosa. **Religião e Sociedade**, Rio de Janeiro, n. 6, p. 99-128, nov. 1980.

KARAWEJCZYK, M. Os primórdios do movimento sufragista no Brasil: o feminismo "pátrio" de Leolinda Figueiredo Daltro. **Estudos Ibero-Americanos**, Porto Alegre, v. 40, n. 1, p. 64-84, jan./jun. 2014. Disponível em: <http://revistas eletronicas.pucrs.br/ojs/index.php/iberoamericana/article/view/15391/12462>. Acesso em: 26 fev. 2020.

LAURETIS, T. de. A tecnologia do gênero. In: HOLLANDA, H. B. de (Org.). **Tendências e impasses**: o feminismo como crítica da cultura. Rio de Janeiro: Rocco, 1994. p. 206-241.

LEAL, C. M. **Por que Judy Garland é tão importante para os gays?** 19 maio 2016. Disponível em: <https://cinemaclassico.com/curiosidades/judy-garland-importante-para-gays/>. Acesso em: 18 fev. 2020.

LÉVI-STRAUSS, C. **As estruturas elementares do parentesco**. Tradução de Mariano Ferreira. Petrópolis: Vozes, 1982.

LÉVI-STRAUSS, C. **Raça e história**. Tradução de Inacia Canelas. 8. ed. São Paulo: Presença, 2006.

LOURO, G. L. **Educação, feminismos e perspectivas queer**. 4 mar. 2015. Entrevista. Disponível em: <https://feminismo.org.br/guacira-lopes-louro-educacao-feminismos-e-perspectivas-queer/18275/>. Acesso em: 18 fev. 2020.

LOURO, G. L. Gênero e sexualidade: pedagogias contemporâneas. **Pro-posições**, Campinas, v. 19, n. 2, p. 17-23, maio/ago. 2008. Disponível em: <http://www.scielo.br/scielo.php?pid=S0103-73072008000200003&script=sci_abstract&tlng=pt>. Acesso em: 23 fev. 2020.

LOURO, G. L. (Org.). **O corpo educado**: pedagogias da sexualidade. 2. ed. Belo Horizonte: Autêntica, 2000.

LUGONES, M. Colonialidad y género. **Tabula Rasa**, Bogotá, n. 9, p. 73-101, jul./dic. 2008.

LUGONES, M. Rumo a um feminismo descolonial. **Estudos Feministas**, Florianópolis, v. 22, n. 3, p. 935-952, set./dez. 2014. Disponível em: <https://periodicos.ufsc.br/index.php/ref/article/view/36755/28577>. Acesso em: 23 fev. 2020.

MALUF, S. **Encontros noturnos**: bruxas e bruxarias da Lagoa da Conceição. Rio de Janeiro: Rosa dos Tempos, 1993.

MARTINS, A. P. A política dos sentimentos e a questão social no século XIX. **Anos 90**, Porto Alegre, v. 24, n. 46, p. 239-268, dez. 2017. Disponível em: <https://seer.ufrgs.br/anos90/article/view/60976/46839>. Acesso em: 26 fev. 2020.

MARTINS, A. P. Gênero e assistência: considerações histórico--conceituais sobre práticas e políticas assistenciais. **História, Ciências, Saúde – Manguinhos**, Rio de Janeiro, v. 18, p. 15-34, dez. 2011. Disponível em: <http://www.scielo.br/pdf/hcsm/v18s1/02.pdf>. Acesso em: 26 fev. 2020.

MARTINS, A. P. **O feminismo da primeira onda**. Curitiba, 2018. Palestra proferida em evento na UFPR. Disponível em: <https://www.youtube.com/channel/UCOedGE_ZDfITb3vkDHOz5A/videos>. Acesso em: 11 fev. 2020.

MARTINS, A. P. **Visões do feminino**: a medicina da mulher dos séculos XIX e XX. Rio de Janeiro: Fiocruz, 2004.

MIGUEL, L. F. Carolle Pateman e a crítica feminista do Contrato. **Revista Brasileira de Ciências Sociais**, São Paulo, v. 32, n. 93, p. 1-17, fev. 2017. Disponível em: <http://www.scielo.br/pdf/rbcsoc/v32n93/0102-6909-rbcsoc-3293032017.pdf>. Acesso em: 23 fev. 2020.

MIGUEL, L. F.; BIROLI, F. Práticas de gênero e carreiras políticas, vertentes explicativas. **Estudos Feministas**, Florianópolis, v. 18, n. 3, p. 653-679, set./dez. 2010. Disponível em: <https://periodicos.ufsc.br/index.php/ref/article/view/S0104-026X2010000300003/17681>. Acesso em: 23 fev. 2020.

MISKOLCI, R. A teoria queer e a questão das diferenças: por uma analítica da normalização. In: CONGRESSO DE LEITURA DO BRASIL, 16., 2007, Campinas. **Anais...** São Paulo: Unicamp, 2007. Disponível em: <http://alb.com.br/arquivo-morto/edicoes_anteriores/anais16/prog_pdf/prog03_01.pdf>. Acesso em: 18 fev. 2020.

MISKOLCI, R. A teoria queer e a sociologia: o desafio de uma analítica da normalização. **Sociologias**, Porto Alegre, ano 1, n. 21, p. 150-182, jan./jun. 2009. Disponível em: <http://www.scielo.br/pdf/soc/n21/08.pdf>. Acesso em: 23 fev. 2020.

MISKOLCI, R. Estranhando as ciências sociais: notas introdutórias sobre a teoria queer. **Revista Florestan**, São Paulo, ano 1, n. 2, p. 8-26, 2014. Disponível em: <http://www.revistaflorestan.ufscar.br/index.php/Florestan/article/view/62/pdf_23>. Acesso em: 23 fev. 2020.

MISKOLCI, R. Exorcizando um fantasma: os interesses por trás do combate à "ideologia de gênero". **Cadernos Pagu**, Campinas, n. 53, 2018. Disponível em: <http://www.scielo.br/pdf/cpa/n53/1809-4449-cpa-18094449201800530002.pdf>. Acesso em: 23 fev. 2020.

MULLER, C.; BOCQUET, J.-L. **Olympe de Gouges**: feminista, revolucionária, heroína. Tradução de André Telles. Rio de Janeiro: Record, 2014.

NARVAZ, M.; NARDI, H. C. Problematizações feministas à obra de Michel Foucault. **Revista Mal-Estar e Subjetividade**, Fortaleza, v. 7, n. 1, p. 45-70, mar. 2007. Disponível em: <https://periodicos.unifor.br/rmes/article/view/1573/3557>. Acesso em: 26 fev. 2020.

NITAHARA, A. Exposição Queermuseu reabre no Rio após polêmica em Porto Alegre. **Agência Brasil**, 16 ago. 2018. Disponível em: <http://agenciabrasil.ebc.com.br/geral/noticia/2018-08/exposicao-queermuseu-reabre-no-rio-apos-polemica-em-porto-alegre>. Acesso em: 7 nov. 2019.

OLIVEIRA, M. G. M. de; BARBOSA, M. L. de O.; QUINTANEIRO, T. **Um toque de clássicos**: Marx, Durkheim, Weber. Belo Horizonte: Ed. da UFMG, 2001.

PAIVA, A. R. Emancipando os escravos: valores religiosos colocados em xeque. In: _____. **Católico, protestante, cidadão**: uma comparação entre Brasil e Estados Unidos. Rio de Janeiro: Centro Edelstein de Pesquisas Sociais, 2010. p. 54-78. Disponível em: <http://books.scielo.org/id/3wsmq/pdf/paiva-9788579820410-04.pdf>. Acesso em: 7 nov. 2019.

PATEMAN, C. **The Sexual Contract**. Stanford: Stanford University Press, 1988.

PELEGRINI, M. A. Foucault, feminismo e revolução. In: ENCONTRO ESTADUAL DE HISTÓRIA – ANPUH, 21., 2012, Campinas. **Anais**... Disponível em: <http://www.encontro2012.sp.anpuh.org/resources/anais/17/1342407030_ARQUIVO_MauricioPelegrini-Anpuh2012.pdf>. Acesso em: 23 fev. 2020.

PERLONGHER, N. **O que é Aids?** São Paulo: Brasiliense, 1987.

PINTO, C. R. J. **Uma história do feminismo no Brasil**. São Paulo: Perseu Abramo, 2003.

POLANYI, K. **A grande transformação**: as origens de nossa época. Tradução de Fanny Wrobel. Rio de Janeiro: Campus, 1980.

PRECIADO, P. B. Entrevista a Jesús Carrillo. **Cadernos Pagu**, Campinas, v. 28, p. 375-405, 2007.

PRECIADO, P. B. **Manifesto contrassexual**: práticas subversivas de identidade sexual. Tradução de Maria Paula Gurgel Ribeiro. 2. ed. São Paulo: n-1 edições, 2017.

PRECIADO, P. B. Multidões queer: notas para uma política dos "anormais". **Revista Estudos Feministas**, Florianópolis, v. 19, n. 1, p. 11-20, jan./abr. 2011. Disponível em: <http://www.scielo.br/scielo.php?script=sci_arttext&pid=S0104-026X2011000100002&lng=en&nrm=iso>. Acesso em: 7 nov. 2019.

RIBEIRO, A. S. P. **Wicca**: paganismo urbano e religiosidade contemporânea. 178 f. Dissertação (Mestrado em Antropologia Social) – Universidade Federal do Paraná, Curitiba, 2003.

RODRIGUES, C. Butler e a desconstrução do gênero. **Estudos Feministas**, Florianópolis, v. 13, n. 1, p. 179-199, jan./abr. 2005. Resenha. Disponível em: <https://periodicos.ufsc.br/index.php/ref/article/view/S0104-026X2005000100012/7828>. Acesso em: 18 fev. 2020.

ROMERO, R. (Trad.). Manifesto Queer Nation. **Cadernos de Leitura**, Belo Horizonte, n. 53, Série Intempestiva, nov. 2016. Disponível em: <https://chaodafeira.com/wp-content/uploads/2016/11/SI_cad53_ManifestoQueerNation.pdf>. Acesso em: 7 nov. 2019.

ROSALDO, M. O uso e o abuso da antropologia: reflexões sobre o feminismo e o entendimento intercultural. **Horizontes Antropológicos**, Porto Alegre, v. 1, n. 1, 1995.

RUBIN, G. **Pensando o sexo**: notas para uma teoria radical das políticas da sexualidade. Tradução de Felipe Bruno Martins Fernandes. Repositório UFSC, Florianópolis, 2012. Mimeografado.

RUBIN, G. The Traffic in Women: Notes on the "Political Economy" of Sex. In: REITER, R. R. (Ed.). **Toward an Anthropology of Women**. New York: Monthly Review, 1975. p. 157-210.

SAFFIOTI, H. I. B. **A mulher na sociedade de classes**: mito e realidade. Petrópolis: Vozes, 1979.

SAFFIOTI, H. I. B. **Do artesanal ao industrial**: a exploração da mulher – um estudo de operárias têxteis e de confecções no Brasil e nos Estados Unidos. São Paulo: Hucitec, 1981.

SAFFIOTI, H. I. B. **Gênero, patriarcado, violência**. São Paulo: Fundação Perseu Abramo, 2004.

SAID, E. W. **Orientalismo**: o Oriente como invenção do Ocidente. Tradução de Tomás Rosa Bueno. São Paulo: Companhia das Letras, 2001.

SANTOS, T.; FERREIRA, M. de F. Análise da ruptura da submissão feminina no cinema da década de cinquenta, incorporadas nas personagens de Marilyn Monroe. In: ENCONTRO NACIONAL DE HISTÓRIA DA MÍDIA, 9., 2013, Ouro Preto. **Anais**... Disponível em: <http://www.ufrgs.br/alcar/encontros-nacionais-1/9o-encontro-2013/artigos/gt-historia-da-midia-audiovisual-e-visual/analise-da-ruptura-da-submissao-feminina-no-cinema-da-decada-de-cinquenta-incorporadas-nas-personagens-de-marilyn-monroe>. Disponível em: 23 fev. 2020.

SCOTT, J. W. Gênero: uma categoria útil de análise histórica. **Educação & Realidade**, Porto Alegre, v. 15, n. 2, p. 5-22, jul./dez. 1990.

SCOTT, J. W. História das mulheres. In: BURKE, P. (Org.). **A escrita da história**: novas perspectivas. Tradução de Magda Lopes. São Paulo: Ed. da Unesp, 1992. p. 63-95.

SEDGWICK, E. K. A epistemologia do armário. **Cadernos Pagu**, n. 28, p. 19-54, jan./jun. 2007. Tradução de Plínio Dentzien. Disponível em: <http://www.scielo.br/scielo.php?pid=S0104-83332007000100003&script=sci_abstract&tlng=pt>. Acesso em: 7 nov. 2019.

SENEM, M. A. O feminismo de Virginia Woolf e a literatura pós-colonial. **Anuário de Literatura**, Florianópolis, v. 13, n. 1, p. 111-121, 2008. Disponível em: <https://periodicos.ufsc.br/index.php/literatura/article/view/2175-7917.2008v-13n1p111/6096>. Acesso em: 18 fev. 2020.

SILVA, J. S. da. **Vozes femininas da poesia latino-americana**: Cecília e as poetisas uruguaias. São Paulo: Unesp; Cultura Acadêmica, 2009. (Coleção PROPG Digital). Disponível em: <https://repositorio.unesp.br/handle/11449/109121>. Acesso em: 18 fev. 2020.

TARDELLI, R. Sojourner Truth traz duro discurso contra a invisibilidade. **Justificando**, 31 jan. 2018. Disponível em: <http://www.justificando.com/2018/01/31/sojourner-truth-traz-duro-discurso-contra-invisibilidade/>. Acesso em: 7 nov. 2019.

TIBURI, M. **Feminismo em comum**: para todas, todes e todos. 9. ed. Rio de Janeiro: Rosa dos Tempos, 2018.

VIVEIROS DE CASTRO, E. Princípios e parâmetros: um comentário sobre l'exercice de la parente. **Comunicações do PPGAS – Museu Nacional/UFRJ**, Rio de Janeiro, n. 17, 1990. Disponível em: <http://www.ppgasmn-ufrj.com/uploads/2/7/2/8/27281669/c17.pdf>. Acesso em: 18 fev. 2020.

WEINSTEIN, B. As mulheres trabalhadoras em São Paulo: de operárias não qualificadas a esposas profissionais. Tradução de Ricardo Augusto Vieira. **Cadernos Pagu**, São Paulo, n. 4, p. 143-171, 1995. Disponível em: <https://periodicos.sbu.unicamp.br/ojs/index.php/cadpagu/article/view/1766>. Acesso em: 23 fev. 2020.

WILLIAMS, E. **Capitalismo e escravidão**. Tradução de Denise Bottmann. São Paulo: Companhia das Letras, 2012.

WOLLSTONECRAFT, M. **Reivindicação dos direitos da mulher**. Tradução de Ivania Pocinho Motta. São Paulo: Boitempo, 2016.

WOOLF, V. **Profissões para mulheres e outros artigos feministas**. Tradução de Denise Bottmann. Porto Alegre: L&PM Pocket, 2012.

WOOLF, V. **Um teto todo seu**. Tradução de Bia Nunes de Souza e Glauco Mattoso. São Paulo: Tordesilhas, 2014.

WOORTMANN, E. F. **Da complementaridade à dependência**: a mulher e o ambiente em comunidades "pesqueiras" do Nordeste. Brasília: Ed. da UnB, 1991.

ZAFRA, R. Um cuarto propio conectado: feminismo y creación desde la esfera público-privada online. **Asparkía – Investigació Feminista**, n. 22, p. 115-129, 2011. Disponível: <http://www.e-revistes.uji.es/index.php/asparkia/article/view/602>. Acesso em: 7 nov. 2019.

ZECHLINSKI, B. P. **Três autoras francesas e a cultura escrita no século XVII**: gênero e sociabilidades. 230 f. Tese (Doutorado em História) – Universidade Federal do Paraná, Curitiba, 2012. Disponível em: <https://acervodigital.ufpr.br/bitstream/handle/1884/27579/R%20-%20T%20-%20ZECHLINSKI%2c%20BEATRIZ%20POLIDORI.pdf?sequence=1&isAllowed=y>. Acesso em: 23 fev. 2020.

ZETKIN, C. **La cuestión femenina y la lucha contra el reformismo**. Barcelona: Anagrama, 1976.

Bibliografia comentada

[...]

ADELMAN, M. **A voz e a escuta**: encontros e desencontros entre a teoria feminista e a sociologia contemporânea. 2. ed. São Paulo: Blucher, 2016.

Adelman aborda o que se convencionou chamar de *segunda onda do feminismo*, tendo como pano de fundo as transformações ocorridas a partir do pós-guerra. O movimento feminista é situado, na obra, em um contexto mais amplo de transformações que passa pela emergência de uma cultura jovem; da produção de uma nova estética e de novos padrões comportamentais; de novas linguagens propagadas pelas culturas de massa, como o cinema e a indústria fonográfica; e da proliferação de movimentos sociais diversos e do decolonialismo. Todas essas transformações provocaram grande impacto também na esfera acadêmica, o que nos permite reconhecer a estreita relação entre movimentos sociais e produção do conhecimento.

BUTLER, J. **Problemas de gênero**: feminismo e subversão da identidade. Tradução de Renato Aguiar. Rio de Janeiro: Civilização Brasileira, 2018.

O livro de Judith Butler é um clássico dos estudos de gênero e um dos marcos da teoria queer por produzir uma crítica contundente às identidades estáveis e naturalizadas. Longe de reproduzir o binômio masculino/feminino, Butler indica a existência de identidades plurais, múltiplas, produzidas com base em experiências particulares e realidades sociais distintas. Nesse sentido, a identidade, para Butler, possui uma performatividade, o que nos faz questionar o que é ser homem e o que é ser mulher e como essas categorias são constituídas.

DAVIS, A. **Mulheres, raça e classe**. Tradução de Plataforma Gueto. Portugal: [s.d.], 2013. Disponível em: <https://platafor magueto.files.wordpress.com/2013/06/mulheres-rac3a7a-e-classe.pdf>. Acesso em: 24 mar. 2020.

Esse talvez seja o livro mais importante da filósofa e ativista Angela Davis, sendo sua obra mais conhecida. Nele, Davis traz uma série de argumentos que permitem articular uma relação entre a luta feminista, a contraposição ao sistema capitalista e o antirracismo. Nos primeiros capítulos do livro, há uma descrição da inserção da mulher negra na sociedade escravocrata americana e suas consequências para alguns dos dilemas enfrentados por ela no final do século XX. Sua argumentação passa por uma abordagem dos movimentos abolicionistas e sufragistas, além de destacar a importância da educação para a emancipação feminina.

LAURETIS, T. de. A tecnologia do gênero. In: HOLLANDA, H. B. de (Org.). **Tendências e impasses**: o feminismo como crítica da cultura. Rio de Janeiro: Rocco, 1994. p. 206-241.

O artigo de Teresa de Lauretis é considerado outro trabalho precursor dos estudos de gênero, por apresentar as identidades sexuais e de gênero como constructos sociais, e não como algo dado na natureza. Assim, se contrapõe às visões que naturalizam as categorias de gênero, demonstrando de que modo estas são o produto de determinadas tecnologias sociais.

LOURO, G. L. (Org.). **O corpo educado**: pedagogias da sexualidade. 2. ed. Belo Horizonte: Autêntica, 2000.

O corpo educado traz uma coletânea de artigos que nos permite identificar, com base em várias dimensões da vida social, como elementos da sexualidade são construídos por meio de diferentes instâncias pedagógicas. Para Guacira Lopes Louro, essas identidades sexuais e as concepções de normalidade e anormalidade não são construídas apenas em instituições evidentes, como na família e na escola, mas também se fazem presentes em outros contextos, como nas mídias sociais.

PINTO, C. R. J. **Uma história do feminismo no Brasil**. São Paulo: Perseu Abramo, 2003.

A obra de Celi Regina Jardim Pinto oferece um panorama amplo e complexo da história do feminismo no Brasil, resgatando a história de algumas das protagonistas e os movimentos nos quais estiveram envolvidas. Observa-se na obra uma periodização que evidencia as transformações do movimento feminista a partir do processo de redemocratização do país.

PRECIADO, P. B. **Manifesto contrassexual**: práticas subversivas de identidade sexual. Tradução de Ana Paula Gurgel Ribeiro. São Paulo: n-1 edições, 2017.

Paul B. Preciado descontrói as noções cristalizadas de identidades sexuais e de gênero por meio de uma reflexão sobre categorias como natural/artificial, homossexual/heterossexual e homem/mulher. Todas essas dualidades são problematizadas com base em uma perspectiva desconstrutivista que, no limite, nos convida a questionar a noção de normalidade.

TIBURI, M. **Feminismo em comum**: para todas, todes e todos. 9. ed. Rio de Janeiro: Rosa dos Tempos, 2018.

Marcia Tiburi nos apresenta uma introdução ao feminismo considerando algumas das categorias centrais deste, a saber: patriarcado, gênero e lugar de fala. Seu texto nos possibilita compreender os diálogos estabelecidos entre o feminismo e outros campos de lutas sociais, como as lutas por melhores condições de trabalho e por equidades social e racial. Na obra, fica clara a necessidade de se construir conceitos naturalizados sobre a mulher, razão por que a autora contrapõe feminismo ao conceito de feminino, com este último termo sintetizando várias das concepções que garantiram à mulher um espaço secundário na ordem social.

Respostas
[...]

Capítulo 1

[1] c

[2] b

[3] b

[4] a

[5] e

Capítulo 2

[1] a

[2] b

[3] b

[4] d

[5] c

Capítulo 3

[1] b

[2] c

[3] a

[4] d

[5] c

Capítulo 4

[1] b

[2] d

[3] c

[4] b

[5] c

Capítulo 5

[1] c

[2] a

[3] b

[4] b

[5] c

Capítulo 6

[1] a

[2] d

[3] b

[4] b

[5] a

Sobre a autora

[....]

Alessandra Stremel Pesce Ribeiro é mestra em Antropologia Social e graduada em Ciências Sociais pela Universidade Federal do Paraná (UFPR). Atua em diferentes áreas, transitando entre a educação e os trabalhos técnicos relacionados ao meio ambiente. Nos últimos dez anos, tem trabalhado com populações tradicionais, no âmbito de temas relativos a desenvolvimento e governança, bem como na mediação de conflitos. A dimensão da governança inseriu a autora no debate sobre gênero, pois uma das medidas necessárias para sua construção é a inclusão feminina nos processos decisórios.

Impressão:
Abril/2020